Yvette Ruzha

Kartenlegen
im Handumdrehen

Was bringt mir die Zukunft?

VERLAG PETER ERD · MÜNCHEN

Die Deutsche Bibliothek – CIP-Einheitsaufnahme

Ruzha, Yvette:
Kartenlegen im Handumdrehen:
was bringt mir die Zukunft? /
Yvette Ruzha. – München: Erd, 1995
ISBN 3-8138-0343-0

Umwelthinweis:
Alle bedruckten Materialien dieses Buches sind
chlorfrei und umweltfreundlich.

2. Auflage 1995
Umschlaggestaltung: B.K.S. Werbeagentur GmbH, Unterhaching
Foto Rückseite: amw München
Copyright © Verlag Peter Erd, München 1995
Alle Rechte, auch die des auszugsweisen Nachdrucks,
der Übersetzung und jeglicher Wiedergabe, vorbehalten.
Satz: vwi typo, Herrsching
Druck und Verarbeitung: Freiburger Graphische Betriebe, Freiburg
Printed in Germany
ISBN 3-8138-0343-0

Inhalt

Vorwort

Schauen Sie Ihrem Schicksal in die Karten, decken Sie Ihre Zukunft auf. Ich werde Ihnen zeigen, daß es ziemlich leicht ist, auch scheinbar schwere Probleme zu bewältigen – sozusagen im Handumdrehen.

Mischen Sie also mit, und Sie werden künftig weniger aufs Spiel setzen, sondern alles auf die richtigen Karten. Denn sie weisen Ihnen den Weg.

Und Sie werden in den Karten lesen, wie in einem Buch, das nur für Sie geschrieben wurde. Ich blättere es für Sie auf, dieses Bilderbuch Ihres Unterbewußtseins, Ihres Unbewußten.

Ja, ein Bilderbuch, denn Ihr eigentliches Ich, Ihre Seele, Ihr Inneres kann nicht sprechen. In Worten äußert sich lediglich Ihr Bewußtsein, Ihr Verstand.

Ihre »innere Stimme« aber setzt Zeichen, malt Symbole, sie drückt sich zum Beispiel auch durch Träume aus.

Doch die meisten von uns sind der »inneren Stimme« gegenüber taub geworden. Wir empfangen kaum noch Signale unseres »siebten Sinnes«, uns geht nur noch selten »ein Licht auf« – wenngleich wir häufig jammern: »Ach, hätte ich doch bloß auf mein Gefühl gehört...«

Instinkt und Gespür, die unsere Urväter in grauer Steinzeit leiteten, verkümmerten in uns um so mehr je »hochentwickelter« wir wurden. Ganz im Gegensatz zu den Tieren, unseren »niederen« Lebenspartnern.

Unser Bewußtsein ist täglich Stürmen von Eindrücken und Informationen ausgesetzt, die unser sachlich programmierter Verstand schlichtweg nach Nützlichkeit und Zweckmäßigkeit bewertet. Wodurch Millionen vermeindlich unwichtiger Mitteilungen und Erfahrungen im Unterbewußtsein versinken. Aber nicht spurlos!

Denn sie werden dort sehr wohl gespeichert, sie leben in der Tiefe des Ichs, genau wie die Erbüberlieferungen unserer Vorfahren, Phänomene, Strömungen und Strahlungen, die Wissenschaftler längst nicht mehr als Humbug abtun, sondern als »übernatürlich« umschreiben, als etwas, das »über den natürlichen« Erkenntnissen steht.

Nein, Kartenlegen ist weiß Gott kein mystischer Hokuspokus. Ich verwende diese Formulierung durchaus bewußt, da ich an das »übernatürlich« Übergeordnete glaube.

Und ich habe Beweise dafür. Gesammelt in über 14 Jahren; so lange bin ich hauptberuflich Kartenlegerin (auch Astrologin und Handleserin). Ich konnte immer wieder feststellen, daß sich die Prognosen bewahrheiteten.

Und auch Sie, liebe Leserin, lieber Leser, werden dies erleben – im wahrsten Sinne des Wortes.

Sie haben alle Karten in der Hand! Blatt für Blatt eine Verbindungskette zu Ihrem Unbewußten.

Durch Ihre Konzentration auf Ihre Fragen an Ihr Unbewußtes, aktivieren Sie Impulse und dadurch die Antwort Ihres tiefen Ichs – in der, wie erwähnt, Symbolsprache Ihrer »inneren Stimme«.

Die Grundlagen des Legens

Karten antworten nie mit Ja oder Nein. Mitunter schweigen sie sogar. Dann nämlich, wenn die Zeit noch nicht reif für einen Hinweis, für eine Entscheidungshilfe ist. Oder dann, wenn alles beim alten bleibt, sich demnach nichts verändert. *Stellen Sie stets eine klare, einfache Frage, und Sie erhalten klare, einfache Antworten.* Fragen zu den globalen Themen Liebe, Familie, Gesundheit, Beruf. Das ist der Stamm. Natürlich können Sie auch nach Verzweigungen fragen, und Sie werden immer eine Antwort bekommen.

Einige Frage-Beispiele:

- Will sich meine Schwiegermutter etwa in unsere Ehe einmischen?
- Liebt Egon mich, oder bin ich für ihn vielleicht nur ein Flirt?
- Opa Karl sieht so schlecht aus; sollte er nicht besser zur Kur gehen?
- Ist es richtig, daß Bruder Fritz seinen Job an den Nagel hängt, um sich selbständig zu machen?
- Soll ich meinen Chef morgen endlich einmal um eine Gehaltserhöhung bitten?

Klare, einfache Fragen werden klar und einfach beantwortet.

Außerdem liefert Ihnen Ihre »innere Stimme« jedesmal – sozusagen als freiwillige Zugabe – ein umfassendes Zukunftsbild jener Personen, die zu Ihrem Verwandten- und Bekanntenkreis gehören. So ganz nebenbei erhalten Sie dadurch Hinweise, die wichtig sein könnten; beispielsweise: Ihr Chef (der Karo-König) taucht irgendwo im Bild auf und Sie stellen bei näherem Hinsehen fest, daß er sich mit erheblichen geschäftlichen Problemen herumschlagen muß (aha, deshalb ist er so giftig und gallig – hierauf werde ich noch beispielhaft zu sprechen kommen).

Bei diesem Sonderservice werden selbstverständlich auch Informationen geliefert, die Ihren Partner, Ihre Tochter, Ihren Sohn, Ihre Eltern betreffen – oder die Themenbereiche Geld, Glück, Gesundheit.

Sie sehen alles auf einen Blick!

Klar, üblicherweise werden sie gezielt etwas wissen wollen. Bitte beachten Sie dabei folgendes:

Überfordern Sie Ihren inneren Zuhörer und Ratgeber nicht durch komplizierte, verworrene Frageknäuel. Wie zum Beispiel:

Soll ich mein Erspartes kurz oder langfristig in Wertpapieren, Pfandbriefen, Rentenfonds oder in Kommunalobligationen anlegen, um 1999 mindestens zwei Drittel meiner Hypothek ablösen zu können?

Auch dürfen Sie keine zu spezifischen Fragen stellen:

Soll ich mir das rote Kleid im Kaufhaus kaufen oder das braune im Katalog bestellen? Oder:
Sollen wir Urlaub auf Mallorca machen oder auf Ibiza?

Dadurch frustrieren Sie Ihren inneren Ratgeber nur, weil er keine Karten-Symbole für ein Kaufhaus, einen Katalog, für Mallorca oder Ibiza hat.

Er würde Ihnen in konfusen Bilderrätseln antworten, da Sie Ihn in seiner Einfachheit ganz simpel überfordert haben. Schließlich ist er kein seelenloser, analytischer Computer, sondern genau das Gegenteil.

Seine Zeichensprache wird Ihnen helfen und Ihnen Entwicklungsmöglichkeiten aufzeigen, damit Sie sich ein Bild davon machen können, was auf Sie zukommen kann, wenn

Sie sich so oder so verhalten, wenn Sie sich so oder so entscheiden.

Haben Sie vor Augen, daß Ihr Vorhaben negative Folgen nach sich ziehen wird, dann verschieben Sie es. Oder entwickeln Sie andere Pläne, um ans gleiche Ziel zu kommen – auch hierbei werden Ihnen die Karten wiederum als Wegweiser dienen.

Gewiß, manchmal werden Sie nach einem übereilten Entschluß plötzlich durch eine Einbahnstraße steuern, in der Sie leider nicht mehr umkehren, sondern höchstens einparken und abwarten können.

Oder Sie schalten einen Gang zurück und rollen mit gedrosselter Geschwindigkeit der Zukunft entgegen – um, wenn der Zeitpunkt günstig erscheint, durchzustarten.

Mit anderen Worten: Wenn Sie in die Einbahnstraße namens »Schwierigkeiten« eingebogen sind, werden Ihre Karten Sie rechtzeitig vor den möglichen Folgen warnen, damit Sie sich besser auf das einstellen können, was auf Sie zukommt.

Dies gilt selbstverständlich auch, wenn Ihnen die Karten zeigen, daß Sie geradewegs aufs Ziel höchster Glückseligkeit losbrausen. Frühzeitig »vorgewarnt«, werden Sie kaum in einen Taumel der Euphorie verfallen, der Sie möglicherweise in letzter Sekunde am Ziel vorbeischießen läßt. Nein, Sie bleiben cool. Zum Feiern ist noch immer Zeit, wenn Sie oben auf dem Sieger-Treppchen stehen.

Was ich Ihnen mit diesen Beispielen deutlich machen will, haben Sie sicher längst erkannt:

Kartenlegen darf nicht dazu mißbraucht werden, Eigeninitiative und Eigenverantwortung abzulegen. Nein, so einfach ist das nicht.

Im Gegenteil, ein blindes Sichfügen und Abfinden mit den Prognosen Ihres inneren guten »Geistes« könnte fatale Auswirkungen haben.

Banal formuliert: Wenn Ihnen Ihr guter »Geist« finanzielle Gewinnchancen in Aussicht stellt, dann müssen Sie Ihren Lottoschein schon selber ausfüllen und abgeben.

Und wenn Ihr guter »Geist« Opa Karl zu einer Kur rät, dann sollte Ihr Großvater schleunigst zum Arzt gehen, bevor er selber versucht, zu kurieren, was längst hätte geheilt werden können.

Wer fragt, der mischt

Vor Ihnen liegen nun die Karten, die Ihr Leben verändern werden – es liegt ganz in Ihrer Hand.

32 normale Skat-Karten (lesen Sie hierzu auch Seite 119). Allerdings müssen es *neue* Karten sein.

Keine abgegriffenen, abgespielten Blätter, mit denen bislang gedroschen, gezockt, gereizt, aufgetrumpft oder gar geschummelt wurde. Derart verbrauchte Glücksspielkarten sind leer und stumpf, unsensibel für Impulse Ihres Unbewußten, Ihrer »inneren Stimme«. Außerdem sind sie überlagert von Energien abgekarteter Spiele, die die Aussagen des Kartenlegens verfälschen würden.

Grundsätzlich:

Wenn Sie eine Frage an Ihre »innere Stimme« haben, dann dürfen nur Sie mischen und kein anderer! Wer fragt, der mischt (wer auseinanderblättert, ist egal).

Wichtig:

Mischen Sie nur dann, wenn Sie sich seelisch und körperlich völlig entspannt und ausgeglichen fühlen. Wenn Ihre Gemütslage stabil ist.

Beispielsweise bat mich Rock-Star Udo Lindenberg einmal vor Jahren, ihm die Karten zu deuten (er wollte wissen, wie's mit seiner Karriere weitergeht) – und zwar unmittelbar nach seinem Konzert. Die Karten spielten völlig verrückt, ich konnte überhaupt nichts entziffern. Verständlicherweise nicht, da Udo noch viel zu hochgedreht und überstreßt war.

Also:

Totale Ruhe, absolute Konzentration.

Denken Sie beim Mischen ausschließlich und intensiv nur an Ihre Frage (wie Sie mischen – ob schnell, langsam, quer oder längs – bleibt Ihnen überlassen). Hauptsache Konzentration!

Vielleicht spüren Sie sogar, wie »es« Ihre Hände, Ihre Finger, Ihre Fingerspitzen zu durchfließen beginnt, wie Wärme, Energie strömen.

Mischen Sie so lange, bis Sie das Gefühl haben: Jetzt sollte ich aufhören.

Legen Sie den Stapel vor sich auf den Tisch, mit der Rückseite nach oben. Zerteilen Sie ihn nicht in zwei oder mehrere Päckchen. Die Reihenfolge der Mitteilungen liegt fest, die »Übertragung« Ihres »inneren Senders« ist nach dem Mischen beendet. Schluß der Sendung. Nun beginnt die Auswertung.

So lesen Sie richtig

Decken Sie Ihre Karten auf. Blättern Sie sie vor sich hin – von links nach rechts. Acht Karten in die erste Reihe, acht in die zweite, die dritte, die vierte. Im Grunde ist es ganz egal, wieviele Karten Sie nebeneinanderlegen, ob acht, zehn oder alle in einer Linie; ausschlaggebend ist dabei lediglich, wie breit Ihr Tisch ist...

Und lassen Sie sich nicht irremachen durch geheimnisvoll schillernde Behauptungen mancher Mystiker, wonach es im Kartenfeld magische Kreis-, Senkrecht- und Schrägverbindungen gäbe, daß Sie also kreuz und quer, rauf und runter »lesen« müssen. Das halte ich für absoluten Firlefanz. Denn Ihr innerer »Sender« hat sich längst abgeschaltet, da gibt es keine magischen Nachwellen mehr.

Das Primäre beim »Lesen« ist einzig und allein:
Wo liegt *Ihre Hauptkarte?*

Herz-
Dame

Sind Sie eine Frau, so ist Ihre Hauptkarte (Ihre Ich-Karte) *die Herz-Dame.*

Herz-
König

Sind Sie ein Mann, dann sind Sie der Herz-König (Ihre Ich-Karte).

15

Haben Sie eine Frage, die Sie selbst betrifft, dann ist Ihre Ich-
Karte der Zentralpunkt – und es spielt überhaupt keine Rolle,
wo sie sich befindet, ob oben, unten, rechts, links, am Anfang
oder am Ende.

Richtet sich Ihre Frage an den Partner (z. B. den Herz-
König), dann rückt er logischerweise in den Mittelpunkt des
Geschehens – und es ist wiederum völlig egal, wo der Herr
liegt.

Das gleiche gilt, wenn Sie etwas über Ihre Mutter (Kreuz-
Dame) wissen wollen, über Ihren Sohn (Pik-König) oder
Ihren Chef (Karo-König).

Also:

Wohin Ihre Frage zielt, dort sind im Kartenbild die wich-
tigsten Aussagen gebündelt.

Entscheidend sind demzufolge zunächst jene Mitteilungs-
karten, die Sie im Brennpunkt vorfinden. Links und rechts
von der Hauptkarte. Oder nur rechts – wenn dieses Zentrum
scheinbar paradoxerweise am Anfang des Feldes liegt. Oder
nur links – wenn es das Schlußlicht bildet. Ganz egal wo, hier
im Brennpunkt steht die Antwort auf Ihre aktuelle Frage
geschrieben, der »Hauptsatz.«

Doch, wie gesagt, Ihre »innere Stimme« hat Ihnen mehr
mitzuteilen, als »nur« den Kernsatz, der eigentlich dort endet,
wo jemand aufkreuzt, nach dem Sie gar nicht gefragt haben –
also bei der nächsten Personenkarte (König oder Dame, nicht
aber ein Bube, der generell recht schweigsam ist).

Ja, diese »Nebensätze« sind es, die das Hauptsächliche
erläutern, verdeutlichen, ausweiten. Sie können fragen, was
Sie wollen, Ihre „innere Stimme" informiert Sie stets nach
allen Seiten umfassend (schließlich ist niemand eine Insel).
Achten Sie daher beim Kartenfeld nicht nur auf den »Hauptsatz«, Weitblick ist gefragt.

Die Worte eines »Satzes« sind Zeichen, Zahlen und Symbole; demnach die Zahlen-Blätter (7, 8, 9, 10), die Asse, die

Buben. Ihre Bedeutung ist entweder *positiv oder negativ,*
schon an der Farbe können Sie's erkennen:

**Bei Rot dürfen Sie sich freuen, und wenn Sie Schwarz
sehen, ist Vorsicht geboten.**
Hier ein Lesebeispiel, wenn Ihre Frage Sie selbst betrifft:

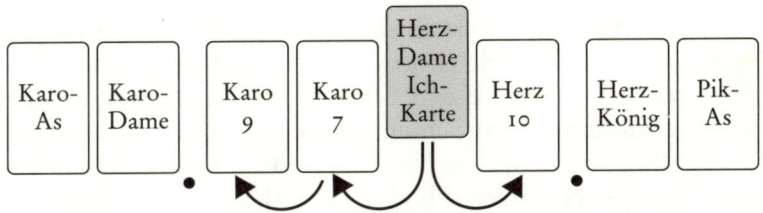

In dieser Reihenfolge sind Sie die Herz-Dame (demnach
weiblichen Geschlechts). Sie lesen in Pfeilrichtung nach links
(Karo 7, Karo 9 verkünden Ihnen finanziell rosige Zeiten),
und Sie lesen in Pfeilrichtung nach rechts (Herz 10 verspricht
Glück in der Liebe). Hier ist zunächst einmal Ende. Punkt.

Doch Augen auf, da braut sich was zusammen! Denn
rechts erscheint Herz-König, also der Ehemann, der Freund,
der Geliebte, und diese Person äußert sich ziemlich mißgün-
stig (Pik-As).

Erfreulicher sieht's links aus; da läßt sich die Karo-Dame
blicken, also eine hohe Respektsperson. Möglicherweise Ihre
Chefin, der ein spektakulärer beruflicher Volltreffer (Karo-
As) glücken könnte (ob dadurch eine Gehaltserhöhung für
Sie rausspringt?).

Prinzipiell: Je näher irgendwelche Aussagekarten bei Ihrer
Ich-Karte liegen, desto wichtiger sind diese für Sie. Je weiter
sie von Ihnen abrücken, desto bedeutungsloser werden sie.

Wollen Sie beispielsweise wissen, ob sich Ihr Herz-König
mit Ihnen noch eng verbunden fühlt – und er sich abgeschla-

gen am Ende des Feldes blicken läßt (während Sie ganz vorn plaziert sind), dann erkennen Sie auf den ersten Blick, daß er auf Distanz gegangen ist – oder zu sein scheint. Vielleicht ist Ihr Herz-König lediglich auf Dienstreise und daher weitentfernt (dies signalisiert Ihnen übrigens die »kleine Reisekarte«, die Pik 8).

Auch die Gewichtigkeit der Karten-Zahlen ist ganz simpel abzulesen:

Eine 7 ist weniger wert als eine 10, und bei einer schwarzen 7 müssen Sie nicht gleich das Schwärzeste befürchten. Bei einer roten 7 haben Sie den Gipfel des Glückes längst noch nicht erklommen; mit einem roten As wäre jedoch ein Höhenflug schon wahrscheinlicher. Asse sind nämlich die ganz großen Nummern, hier schallt Ihre »innere Stimme« wie ein Lautsprecher – im roten (positiven) Wellenbereich, aber auch im schwarzen (negativen).

Was Sie auch zu »hören« bekommen, bleiben Sie cool! Taucht die rote Herz 10 (die große Liebeskarte) bei Ihrer Ich-Karte auf, so lassen Sie nicht gleich Einladungskarten für die Hochzeitsfeier drucken. Warten Sie erst einmal ab, ob der Herzenssturm kräftig weiter bläst, oder ob er nicht doch als laues Lüftchen verweht.

Dies gilt umgekehrt auch für die »todtraurige« Schwarzzone. Das Kreuz-As (die dramatische Krankheitskarte) in unmittelbarer Nähe Ihres geliebten Herz-Königs muß keineswegs den nahen Tod des Partners prophezeien. Aber er sollte tunlichst zum Arzt gehen. Nur der Arzt kann ihm helfen, die Karten können lediglich warnen, mahnen, Wegweiser sein.

Eigeninitiative! Eigenverantwortung!

Aber die Karten reagieren mitunter auch schweigend, wie eingangs erwähnt. Sie sind dann stumm, wenn die Zeit noch nicht reif für eine Aussage ist. Oder dann, wenn alles bleibt, wie es ist – wenn es demnach nichts zu sagen gibt.

Doch woran erkennen Sie diese lautlose Sachlage?

»Funkstille« herrscht, wenn neben der Zentral-Karte nichts liegt, was Sie entziffern können: Also keine Zahlen-, keine As-Karten. Vielleicht nur zwei sprachlose Buben. Nein, damit läßt sich nichts anfangen.

Um aber sicher zu sein, daß Sie Ihre »innere Stimme« nicht mißverstanden haben, müssen Sie die Karten nochmals durchmischen (bitte auf die Frage konzentrieren) und ausbreiten.

Können Sie erneut die gleiche oder eine ähnliche Zeichensprache entziffern, dann ist alles klar.

Finden sie dagegen völlig konträre oder gar konfuse Antworten vor, dann nehmen Sie die Karten ein drittes Mal in die Hand. Konzentration!

Erkennen Sie wiederum kein deutliches Bild, so liegt's entweder daran,

- daß Sie ziemlich aufgedreht sind, oder
- daß Ihrer »inneren Stimme« nicht klar genug war, was Sie überhaupt wollen, oder
- daß Ihre Frage nicht leicht zu beantworten ist (achten Sie auf Nuancen), oder
- daß Ihnen die »innere Stimme« beharrlich signalisiert: Es gibt nun mal nichts zu deuten (weil sich nichts verändert, weil die Zeit noch nicht gekommen ist).

Schauen Sie bei jeder neuen Lage genau hin, überlesen Sie nichts (kleine Hinweise werden beim flüchtigen Überfliegen leicht übersehen). Ein Beispiel:

Erschreckt Sie nach dem ersten Mischen die Kreuz-As, also die große Krankheitskarte, in unmittelbarer Nähe eines lieben Menschen – und die Kreuz-As taucht nach dem zweiten, dritten Kontrollmischen weiterentfernt von ihm wieder auf, so bedeutet dieses Abrücken, daß die Krankheit früher oder später überwunden wird (Thema Eigenverantwortung, Eigeninitiative).

Aber übertreiben Sie's nicht mit dem Mischen.

Zwei-, dreimal genügt vollauf. Es wäre doch geschummelt, die Karten so lange durcheinanderzuwirbeln, bis endlich eine beglückende gute Mischung vor Ihnen liegt. Nein, auf solche Spielereien läßt sich Ihre »innere Stimme« nicht ein.

Tja, ich muß keine Wahrsagerin sein, um zu wissen, welche wichtige Frage Sie jetzt auf dem Herzen haben:

Woran erkenne ich, wann etwas geschehen könnte?

Ganz einfach: **An den Zeitkarten.**

Sind Sie die Herz-Dame und fragen Sie nach sich selbst, so achten Sie auf die Zeitkarten in Ihrer Umgebung. Richtet sich Ihre Frage an Ihren Herz-König, so sollten diese in seiner Nähe liegen.

Taucht weit und breit überhaupt keine Zeitkarte beim Zentrum auf, dann passiert »es« in »nächster Zeit«.

Und das sind *die Zeitkarten:*

Karo 8: Da geschieht es sehr bald (innerhalb von Tagen oder Wochen). **Pik 8:** Da gibt's leichte Verzögerungen, bis zu ein paar Monaten. **Pik 10:** Da kann's ein bis zwei Jahre dauern.

So, nachdem Sie die Grundlagen des Legens kennen, noch eine Schlußbemerkung, die Sie bitte beherzigen:

Greifen Sie nicht ständig nach den Karten. Verfallen Sie in keine Abhängigkeit. Rufen Sie nicht bei jeder Kleinigkeit Ihre »innere Stimme« um Hilfe an.

Es wäre doch töricht, Montags morgens die Karten zu fragen, ob Sie aufstehen sollen oder nicht, nur weil's draußen wie aus Kübeln gießt und Sie »keinen Bock« haben, aus den kuscheligen Federn zu schlüpfen. Um derart profan Alltägliches kümmert sich Ihr Unterbewußtsein nicht im geringsten – denn Ihr Bewußtsein weiß sehr wohl, daß Sie raus müssen, da hilft alles Jammern nichts.

Das Karten-ABC

Was Sie hier aufgeschlagen haben, ist der Karten-Duden. Folgende Seiten präsentieren das ABC der Deutung sämtlicher 32 Blätter. Am besten, Sie markieren sich dieses Kapitel durch ein Lesezeichen.

Die Haupt-Themen, denen alles zugeordnet ist:

Herz steht für Glück und Liebe,
Karo für Beruf und Geld.

Die schwarzen Pik- und Kreuz-Karten sind als Zahlen- und As-Karten vorwiegend negative Erläuterungen zu Herz und Karo.

♥ Herz (Rot)

Herz-Dame, die *weibliche Ich-Karte* (wenn eine Frau mischt und fragt).

Mischt ein Mann, so bedeutet die Herz-Dame für ihn *Partnerin* (Freundin, Verlobte, Ehefrau – auch Wunschfrau).

Verbindungen:

Liegt neben der Herz-Dame eine andere Personenkarte, so paaren sich beide zu einer Einheit, zu einer Bedeutung.
- ♥ Herz-Dame plus Karo-Dame: Eine geschäftstüchtige, sachlich kalkulierende, dominante Frau.
- ♥ Herz-Dame plus Pik-Dame: Eine lebensfrohe, aufgeschlossene, großzügige, tolerante Frau.
- ♥ Herz-Dame plus Kreuz-Dame: Eine häusliche, kinderliebe, aber recht schlichte und verschlossene Frau.

Herz-König, die *männliche Ich-Karte* (wenn ein Mann mischt und fragt).

Mischt eine Frau, dann ist der Herz-König für sie der *Partner* (Freund, Verlobter, Ehemann – auch der Traummann, nach dem sie sich sehnt).
Herz-König kann ebenfalls der Sohn einer alleinstehenden Mutter sein.

Verbindungen:

♥ Plus Karo-König: Geschäftlich versierter, durchsetzungsstarker, grundehrlicher, jedoch etwas egoistischer Herr.
♥ Plus Pik-König: Liebenswerter, offener Gentleman, allerdings ohne praktische, sachliche Fähigkeiten.
♥ Plus Kreuz-König: Häuslich (etwas hausbacken), schlicht, kinderlieb, jedoch verschlossen.

Herz-Bube, im Grunde ist er als Einzelkarte ziemlich bedeutungslos (wie alle Buben).

Herz-Bube weist lediglich daraufhin, daß der Herz-König sich so seine Gedanken macht (Empfindungen, Vorahnungen) – aber nicht, was ihm genau durch den Kopf geht.

Verbindungen:

♥ Plus Karo-Bube: Der Herz-König überrascht seine liebe Partnerin mit einem Geschenk materieller Art (vielleicht mit einer Erhöhung des Haushaltsgeldes).

♥ Plus Karo- und Kreuz-Bube: Vorsicht, da plant jemand irgendeine Gaunerei, möglicherweise sogar einen heimtückischen Betrug.

Herz-As symbolisiert das Zuhause (Wohnung, Haus).

Verbindungen:

♥ Plus Kreuz-As und Karo-As: Das Superglück, der Riesen-erfolg.
♥ Plus Kreuz-Bube: Behörde, Amt, Klinik, auch Spielkasino, Opernhaus, Theater.

Herz 10, die große Liebe. Das große Glück in der Partnerschaft.

Verbindungen:

♥ Plus Kreuz-Bube: Alle Gedanken konzentrieren sich aufs Happy-End, auf die Hochzeit.

♥ Plus Karo-As oder Karo 10: Reiche Heirat (oder Partnerschaft).

♥ Plus Pik-As: Schwarze Aussichten – tiefer Absturz der Liebe. Scheidung droht!

♥ Plus Kreuz-As: Die Partnerschaft löst sich allmählich auf.

♥ Aber: Plus Karo 10 und Kreuz 10: Toller Erfolg!

Herz 9, Harmonie, herzliche Freundschaft (aus der mehr werden kann). Auch tiefe Gefühle und Leidenschaft.

Verbindungen:

- ♥ Plus Herz-König: Dieser Herr ist flammend verliebt in die Herz-Dame.
- ♥ Plus Herz-Dame: Diese Dame ist ganz hingerissen vom Herz-König.
- ♥ Plus Pik-As: Schwarz, demnach negativ. Bei rosaroten Gefühlen sind erhebliche Zweifel geboten.
- ♥ Plus Kreuz-As: Schwarze Unglückskarte! Die Liebe stirbt.

Herz 8, Wunschkarte
(Glück, Erfolg).

Verbindungen:

♥ Plus Karo-As oder Karo 10: Toller materieller Gewinn, Erfolg.
♥ Plus Herz 10: Großes Glück in der Liebe!
♥ Plus Kreuz-As und Karo 10 (oder Karo-As): Schlechte Perspektiven, Glücks- und Wunschhoffnungen scheitern. Auch materielles Unglück.

Herz 7, Bekanntschaft, Freundschaft, Flirt, Erotik.

Verbindungen:

♥ Plus Herz-Dame: Diese Dame sucht nur das Abenteuer.
♥ Plus Herz-König: Dieser Herr sucht ebenfalls nur das Abenteuer. Fast ein Playboy.

◆ Karo (Schellen)

Karo-König, ein beruflich erfolgreicher Mann, der Chef, hohe Respektsperson (beispielsweise ein Arzt, ein Richter, ein Bürgermeister).

Sein Charakter: Ehrgeizig, willensstark, erfolgsbetont, mit Hang zur Überheblichkeit.

Kann aber auch der zweite Sohn sein (erster Sohn: Pik-König); in diesem Fall treffen die Charaktermerkmale des Chefs nicht zu.

Verbindungen:

◆ Plus Pik-Dame (oder Pik-König): Junge, aufgeschlossene, dynamische Respektsperson.
◆ Plus Herz-König (siehe dort).

Karo-Dame, die Chefin, hohe weibliche Respektsperson. Eventuell Ehefrau eines beruflich erfolgreichen Mannes.

Charakterlich ebenso strukturiert wie die männliche Vergleichskarte (Karo-König).

Kann auch die zweite Tochter sein (erste Tochter: Pik-Dame); dann gelten die charakterlichen Attribute der Chefin natürlich nicht.

Verbindung:

♦ Plus Herz-Dame (siehe dort).

Karo-Bube, er ist relativ bedeutungslos. Gedanken des Karo-Königs. – Kann auch ein kleines Geschenk symbolisieren.

Verbindung:

◆ Plus Kreuz-Bube und Herz-Bube: Vorsicht, eine Gaunerei, Schurkerei, bis hin zur Straftat!

 Karo-As, die berufliche Erfolgskarte! Hohes Ansehen, Macht, Einfluß.

Verbindungen:

- Plus Herz 8: Großer Wunsch geht in Erfüllung (beispielsweise ein Lottogewinn), Karriere.
- Plus Kreuz-As und Herz-As: Das ganz große Glück!
- Plus Kreuz-As: Große finanzielle Einbuße, dramatischer beruflicher Abstieg.
- Plus Pik-As: Erhebliche finanzielle oder berufliche Schwierigkeiten.

 Karo 10, Beförderung,
Erbschaft, Vermögen, auch
Testament.

Verbindungen:

◆ Plus Herz 8: Ein Wunsch geht in Erfüllung (materieller
oder ideeller Art).
◆ Plus Kreuz 10 und Herz 10: Beachtlicher Gewinn (auch im
Wunschsinne).
◆ Plus Kreuz-As: Mißerfolg, eine Absage wird erteilt.
◆ Plus Pik-As: Ärger, Streit, große Probleme.

Karo 9, berufsbezogene Karte.

Verbindungen:

◆ Plus irgendeine Herz-Karte: Berufliche Verbesserung, ein kleiner Aufstieg vielleicht, Arbeitserleichterung.
◆ Plus Kreuz-As: Berufliche Pleite.
◆ Plus Pik-As: Ärger bei der Arbeit, Streit, Probleme.

Karo 8, relativ kleine, positive Geldkarte.

Zeitkarte! Etwas passiert möglicherweise schon recht bald – in acht Tagen, bis maximal acht Wochen.

Karo 7, kleine berufsbezogene Karte (ähnlich wie Karo 9, nur weniger gewichtig). Es kann sich auch um Nebentätigkeiten handeln, beispielsweise um das Hobby.

Verbindungen:

◆ Plus irgendeine Herz-Karte: geringer Aufstieg, leichte Arbeitsverbesserung.
◆ Plus Kreuz-As: Beruflicher Mißerfolg.
◆ Plus Pik-As: Ärger am Arbeitsplatz oder mit Behörden.

♠ Pik (Grün Blatt)

Pik-König, ein jüngerer, aufgeschlossener, herzlicher Mann (eventuell der Sohn, der Enkel oder der jüngere Bruder); meist ist er groß und sportlich. Allerdings manchmal etwas naiv und kleingläubig.

Verbindung:

♠ Plus Herz-König: Liebenswerter, offener Gentleman, allerdings ohne praktische Fähigkeiten (er hat zwei linke Hände).

Pik-Dame, eine jüngere, aufgeschlossene, herzliche Frau (eventuell die Tochter, die jüngere Schwester, die Enkelin); meist ist sie groß und sportlich. Allerdings manchmal etwas naiv und kleingläubig.

Verbindung:

♠ Plus Herz-Dame: Lebensfrohe, großzügige, tolerante Frau.

Pik-Bube, Pläne, Vorhaben.

Verbindung:

♠ Plus Pik 10: Ein Vorhaben wird ausgeführt, eine Tat.

Pik-As, eine der negativsten Karten! Sie weist auf große Schwierigkeiten (Gerichte, Prozesse) hin, auf Streit und Ärger, primär mit Behörden oder am Arbeitsplatz.

Verbindungen:

♠ Plus irgendeine Personenkarte (Dame, König): Depressionen!
♠ Plus eine Karo-Karte: Berufliche oder finanzielle Probleme.
♠ Plus Herz 10: Scheidung droht!

Pik 10, Zeitkarte (etwas geschieht in ein bis zwei Jahren), ergo große Verzögerung; auch große Reise, große Veränderung, auch räumliche Trennung.

Verbindungen:

♠ Plus Pik-Bube: Ein Vorhaben wird ausgeführt, eine Tat.
♠ Plus Kreuz-Bube: Längere Reise, z. B. Auslandsaufenthalt.

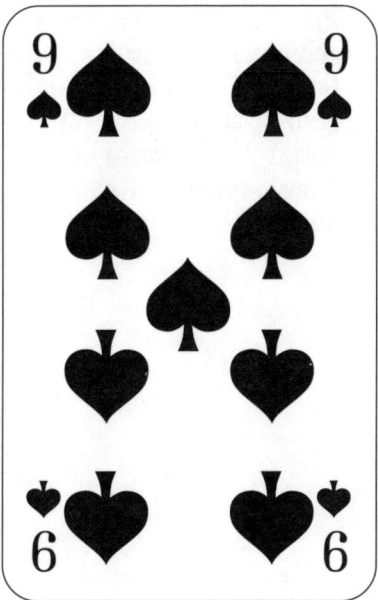

Pik 9, unbegründete Eifersucht oder Mißgunst jener
Person, bei der diese Karte
liegt.

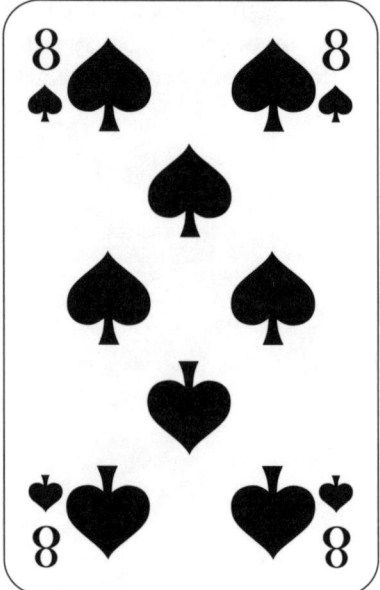

Pik 8, Zeitkarte (es geschieht in ein paar Monaten), vielleicht kommt alles ganz anders (Veränderung). Leichte Verzögerung. »Kleine« Reisekarte, also kurzfristige räumliche Trennung.

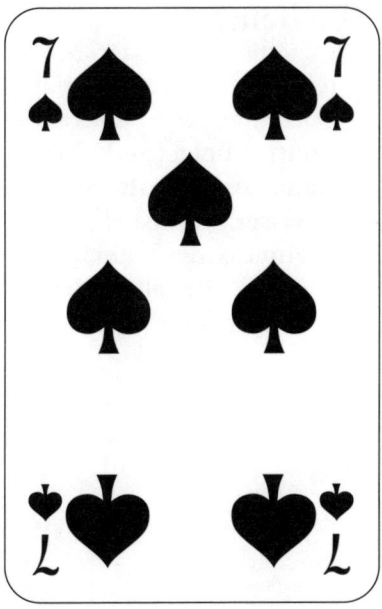

Pik 7, Warnung! Vorsicht
ist geboten! Vor Negati-
vem wie Positivem.

Verbindungen:

♠ Plus Herz-Dame: Schwangerschaft.
♠ Plus Kreuz-As: Negative Aspekte werden verstärkt (vor
allem in punkto Gesundheit).

♣ Kreuz (Eicheln)

Kreuz-König, älterer Mann, meist zurückhaltend, zuverlässig, häuslich. Beispielsweise der Vater, Großvater oder der ältere Bruder (auch der Schwiegervater).

Verbindung:

♣ Plus Herz-König: Ein schlichter, kinderlieber, jedoch verschlossener Mann.

Kreuz-Dame, ältere Frau, die Mutter, Großmutter, Schwiegermutter, die ältere Schwester (dieselben Charakteristiken wie beim Kreuz-König).

Verbindung:

♣ Plus Herz-Dame: Eine häusliche, kinderliebe, schlichte, aber verschlossene Frau.

Kreuz-Bube, Symbol für Behörden und Ämter. Eine Sache wurde aktenkundig.

Verbindungen:

♣ Plus Herz-As: Ein Amtsgebäude (Gericht, Finanzamt, Klinik, aber auch das städtische Opernhaus).
♣ Plus Kreuz 10: Streit mit einer Behörde.
♣ Plus Herz 10: Baldige Hochzeit.

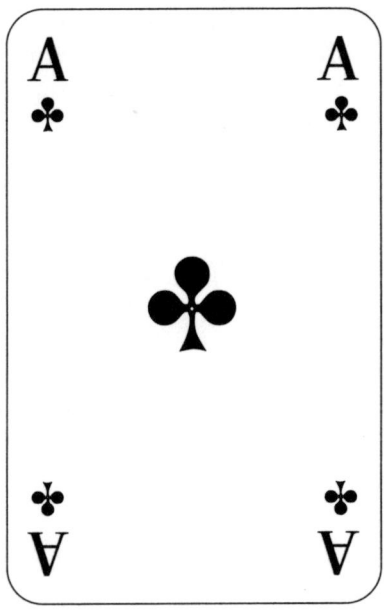

Kreuz-As, schwärzeste Unglückskarte! Und zwar für den seelischen, körperlichen wie materiellen Bereich. Auch Prozeßkarte.

Verbindungen:

♣ Plus Pik 7: Eine Krankheit verschlimmert sich.
♣ Plus eine Karo-Karte: Erheblicher finanzieller Verlust, berufliche Misere.
♣ Plus Herz-Karten (7 oder 9 oder 10): Erloschene Gefühle, die Liebe zerbricht.
♣ Plus Herz 8: Ein Wunsch bleibt unerfüllt.
♣ Plus Pik-As: Großes Unglück!
♣ Aber: Plus Herz-As und Karo-As: das Superglück!

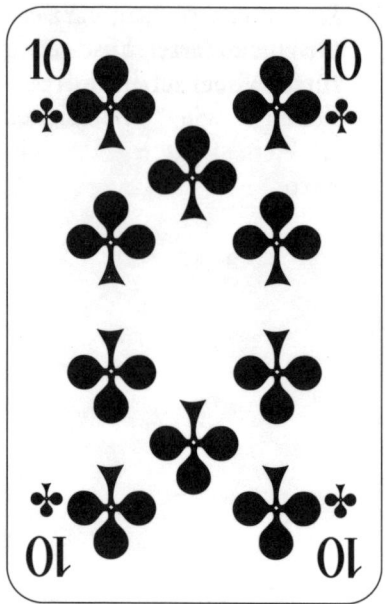

Kreuz 10, Ärger, Streit, Konflikt.

Verbindung:

♣ Plus Herz 10 und Karo 10: Glücksfall, ein Wunsch erfüllt sich.

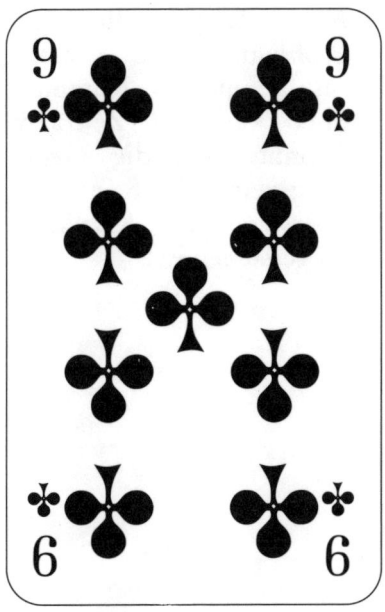

Kreuz 9, berechtigte Eifersucht und Mißgunst jener Person, bei der diese Karte liegt.

Verbindung:

♣ Plus Kreuz-As. Krankhafte Eifersucht!

Kreuz 8, gesundheitliche Probleme (und daraus resultierender Kummer) über kürzeren Zeitraum (womit auch die Genesungszeit, die Kur nach überstandener Krankheit zu verstehen ist).

Kreuz 7, beruflicher Streß,
kleiner seelischer Verdruß.

Verbindung:

♣ Plus Herz 7: Liebeskummer nach einer eher lockeren
Verbindung.

Ein Herr wird eine Dame

Eigentlich haben Sie jetzt alles im Griff. In den anschließenden Kapiteln werde ich Ihnen das Kartendeuten an Beispielen sozusagen spielerisch erläutern; denn Sie können inzwischen zwar die Zeichen Ihres Unbewußten entziffern, doch aneinandergereihte Worte ergeben nicht immer auf Anhieb einen verständlichen Satz.

Vorab aber wollen wir noch ein paar Feinheiten unter die Lupe nehmen, damit Sie später einen besseren Durchblick haben.

Manchmal sendet Ihre »innere Stimme« nämlich Signale, die Ihr sachlich geprägtes Bewußtsein ziemlich verwirrt und als unverständlich, unlogisch, ja sogar als sinnlos bewertet.

Ein Beispiel:

Zu mir kam eine Witwe in die Praxis, die sich Sorgen um ihren Sohn machte, gewisse Zukunftsängste um ihn hatte. Sie (also die Herz-Dame) mischte die Karten, doch ich konnte ihren Sohn (den Pik-König) auch nach zweitem Kontrollmischen lediglich bedeutungslos weit weg von ihrer Ich-Karte ausmachen – obwohl mir die Witwe glaubhaft versicherte, daß sie und er sich sehr nahestehen.

Des Rätsels Lösung: Für diese ältere Frau war ihr Sohn die partnerschaftliche Bezugsperson, demnach der Herz-König, der ihr ans Herz gewachsen ist. Und siehe da, beim Herz-König lagen tatsächlich jene Aussagen, die seine Mutter wissen wollte.

Ein weiteres Beispiel:

Fragt eine »Nur«-Hausfrau nach ihm, dem geliebten und beruflich top-erfolgreichen Gatten, und dieser Herz-König erscheint auch nach wiederholtem Mischen lediglich »unter ferner liefen« (unlogisch, da die Liebe ungetrübt ist), so ist er in Wahrheit der Karo-König (der Top-Geschäftsmann), der immer wieder ganz in der Nähe ihrer Ich-Karte auftaucht. Umgekehrt: Ist seine Herz-Dame tatsächlich eine dynamische, ehrgeizige, vielleicht sogar herrische Frau, so kann sie sich durchaus in einen Herren verwandeln und zwar in den Top-Mann Karo-König.

Einer maßlos verblüfften Chefredakteurin mußte ich aufgrund der Kartenlage klarmachen, daß ihr Gatte keineswegs der Herz-König ist, sondern – die Kreuz-Dame (üblicherweise die Mutter oder eine nahestehende ältere Dame). Völliger Nonsens? Nein, völlig logisch, da er als Hausmann tagtäglich hinterm häuslichen Herd steht, demzufolge durchaus fraulich geprägt ist.

Nein, Kartendeuten ist kein rein pragmatisches 1 x 1, mischen Sie immer etwas Phantasie und Intuition hinein.
Sehen Sie sich das jeweilige Kartenfeld stets mit Argusaugen an – und mit Einfühlungsvermögen. Prägen Sie es sich ein (am besten jedesmal Notizen machen). Dann werden Sie paradox und widersinnig wirkende Konstellationen durchschauen (wenn auch nicht stets auf den berühmten ersten Blick).

Auf einen Blick

1. Reihe

Herz-Bube	Kreuz 10	Herz 8	Kreuz 7

2. Reihe

Kreuz-Bube	Karo-Bube	Kreuz-As	Pik-As

3. Reihe

Karo-König	Karo 8	Karo 7	Herz-Dame
▼ Chef			▼ Ich-Karte

4. Reihe

Pik-König	Herz-As	Pik-Dame	Pik 8
▼ Sohn		▼ Tochter	

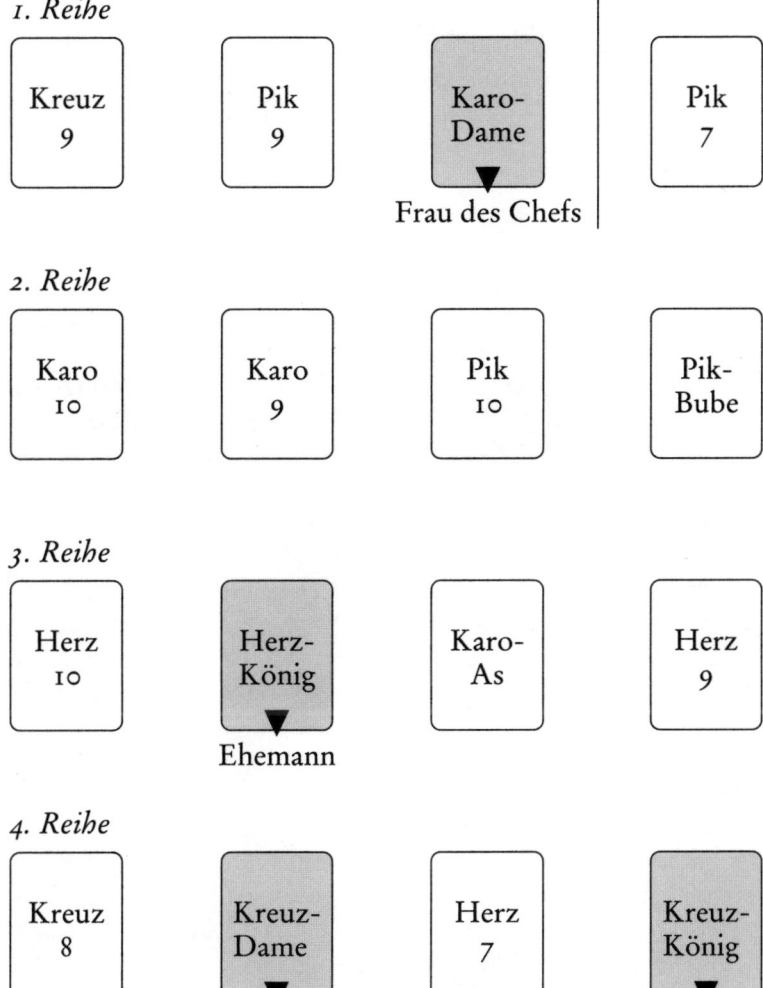

1. Reihe

Kreuz 9 | Pik 9 | Karo-Dame | Pik 7

Frau des Chefs

2. Reihe

Karo 10 | Karo 9 | Pik 10 | Pik-Bube

3. Reihe

Herz 10 | Herz-König | Karo-As | Herz 9

Ehemann

4. Reihe

Kreuz 8 | Kreuz-Dame | Herz 7 | Kreuz-König

Mutter | Vater

Auf vorheriger Doppelseite zeige ich Ihnen ein x-beliebiges Beispiel. Die Dame des Hauses, nennen wir sie Erika, hat gemischt (also ist sie die Herz-Dame) und schaut sich nun an, was die »innere Stimme« zu verkünden hat.

Erika blickt von ihrer Ich-Karte aus nach links: Na, beruflich sieht's ganz passabel aus (Karo 7, Karo 8 = gute Arbeit, kleine Erfolge in den kommenden Wochen). Gleich daneben sieht sie ihren Chef (Karo-König), doch der interessiert sie im Augenblick nicht.

Erika blickt nach rechts zu Ehemann Bernhard (Herz-König) – und sie strahlt! Denn Herz 10 bestätigt die große Liebe, sie blüht und gedeiht.

Und der Bernhard ist in seinem Job obenauf; Karo-As läßt ihn auf einen großen Erfolg hoffen.

Auch beim Sohn (Pik-König) und der Tochter (Pik-Dame) gibt's keinen Anlaß zum Verdruß; beide wohnen noch zu Hause (Herz-As). Erikas Eltern leben »außerhalb« (Pik 8), ein paar Straßen weiter oder in einer anderen Stadt.

Ansonsten gibt es keine weiteren Mitteilungen – alles bleibt, wie es ist.

Um ihre Mutter muß sich Erika ebenfalls keine übertriebenen Sorgen machen; Mutter Erna wird zwar etwas kränkeln, doch das geht rasch vorbei (Kreuz 8). Vater Karl (Kreuz-König) paßt da schon auf, er und sie verstehen sich prima (Herz 7).

Was also ihre Familie betrifft, so darf Erika durchaus beruhigt in die Zukunft blicken.

So, nun betrachtet sie sich ihren Chef. Ach, du liebe Zeit, der hat wahrhaftig keine guten Karten! Neben ihm (2. Reihe, rechts) Pik-Bube und Pik 10 – demnach grübelt er über längerfristige große berufliche Pläne nach (zu erkennen an Karo 9 und Karo 10). Doch die Erfolgschancen sehen recht schwarz aus (Pik-As, Kreuz-As). Er sollte besser alles noch mal überdenken (Karo-Bube), zumal ihm obendrein noch

Ärger mit einer Behörde (Kreuz-Bube) droht, bis hin zum Prozeß (Pik-As, Gericht); eine erste Warnung dafür liegt bereits vor (Pik 7).

Bei all dieser Problemflut muß sich der arme Kerl ziemlich alleingelassen fühlen. Denn von seiner holden Gattin (die Karo-Dame) hat er kaum Rat, Hilfe oder Verständnis zu erwarten; sie ist eine ausgesprochen mißgünstige, neidische, eigensüchtige Person (Pik 9, Kreuz 9), auf die fast zwangsläufig Kummer (Kreuz 7) zukommen wird, zumal sie einen ihrer Wünsche nicht zu realisieren vermag (Kreuz 7, Kreuz 10). Häuslicher Ärger und Zank sind demnach vorprogrammiert – Kreuz 10 in Verbindung mit Herz-Bube (privat).

Thema Partnerschaft

Wenn Sie, liebe Leser, in Sachen Liebe im Kartenfeld Rot sehen – und zwar »herzliches« Rot –, dann herzlichen Glückwunsch.
Wird's in Ihrer oder der Nähe des Partners dagegen schwarz, dann hat sich der Himmel der Glückseligkeit verfinstert – schlechte Aussichten.
Doch bei Rot hat die Liebe Vorfahrt.

Nachfolgende Beispiele zeigen verschiedene Möglichkeiten, die sich beim Kartenlegen ergeben könnten, und ihre Leseart.
Der Übersicht halber werden nur die Karten abgebildet, die direkt mit dem zu besprechenden Thema in Zusammenhang stehen. In Wirklichkeit sind sie nur ein Teil des komplett aufgedeckten Kartenspiels.*

* gilt auch für die Kapitel:
Thema Gesundheit, Thema Beruf / Finanzen.

Beispiele

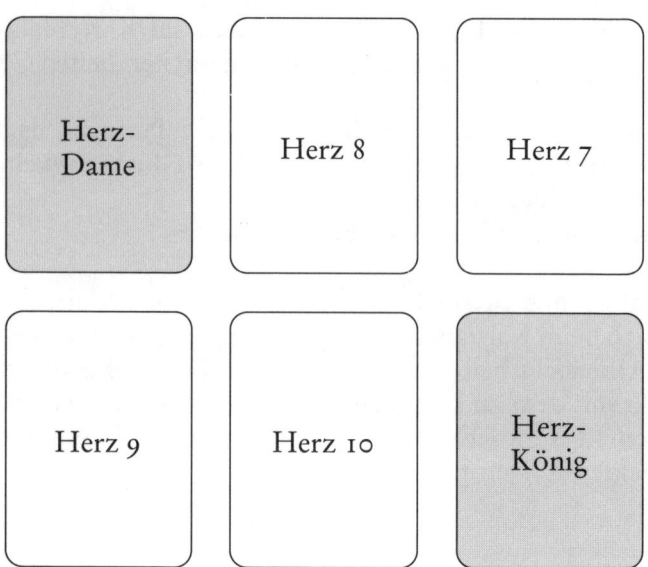

Liebt er mich noch?
Das ist hier die Frage.

Antwort: Aber natürlich, liebe Herz-Dame. Sie und ihn (den Herz-König) verbinden herzliche Bande. Herz 10: große Liebe. Herz 9: innige Harmonie. Herz 7: prickelnde Erotik. Herz 8: großes Glück.

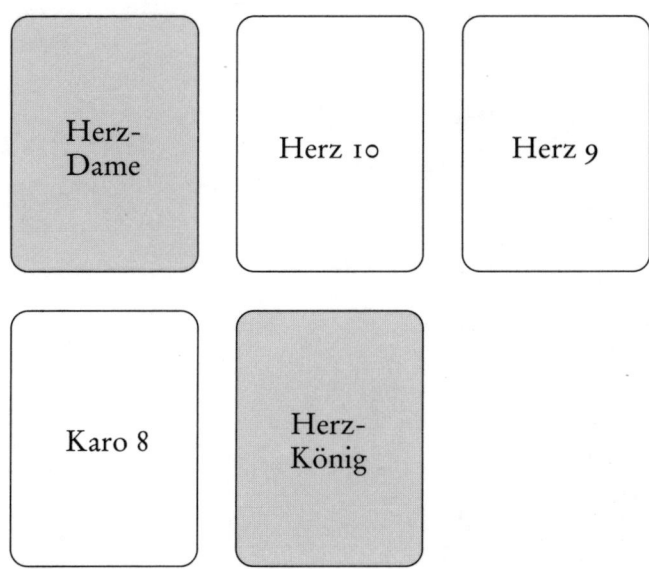

Hier ist die Frage:
Ist er der Richtige?

Sie hat zwar ihr Herz an ihn verloren, doch sie traut sich nicht, ja zur Ehe zu sagen; sie möchte lieber noch etwas abwarten.

Keine Frage, der Herz-König ist der richtige Mann für die zaudernde Herz-Dame. Die Karo 8 (Zeitkarte) rät ihr, die eheliche Zweisamkeit nicht länger hinauszuzögern, sondern rasch vor den Traualtar zu treten.

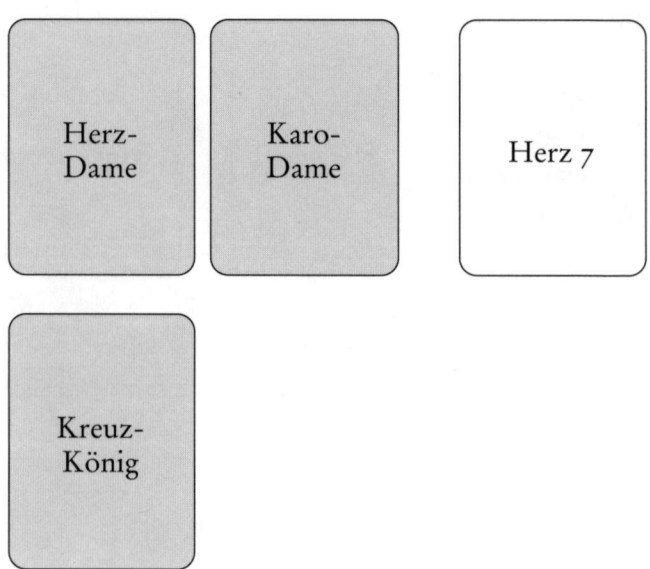

Hier will eine junge, selbstbewußte, lebenslustige Dame wissen:
Wie sieht der Mann aus, der zu mir paßt?

Kürzlich lernte sie Franz kennen, der ist sympathisch und nett – aber ist er die große Liebe?

Nein, der Franz (Kreuz-König) paßt nicht zu ihr. Ein älterer Herr, zuverlässig, häuslich und treu, aber etwas phlegmatisch und »hausbacken«.

Außerdem beweist die Herz 7, daß da kein Liebesfeuer lodert, sondern nur eine kleine Liebelei glimmt.

Der Idealmann für die junge, dynamisch erfolgreiche Dame (Herz-Dame, Karo-Dame = eine Einheit, daher diese Charakteristik) kann normalerweise nur ein Herz-König sein oder ein Karo-König. Was sich gleicht, paßt meist zusammen.

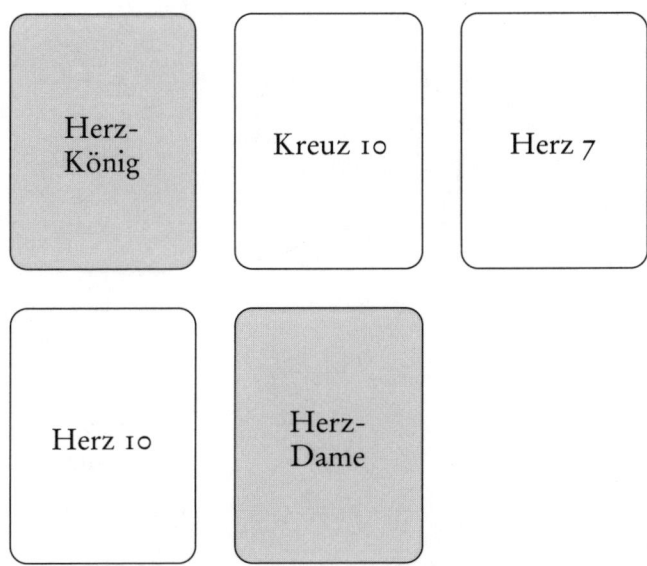

Uschi und Peter haben vor zwei Jahren geheiratet, und nun fragt sie:
Ist die Liebe von Peter zu mir noch genau so stark wie vor zwei Jahren?

Na ja, Peters stürmische Liebeseuphorie ist etwas abgeklungen, nach zwei Ehejahren wird nun mal vieles alltäglich; da gibt's Meinungsverschiedenheiten, auch mal Knatsch (Kreuz 10). Der Himmel hängt zwar nicht mehr voller Geigen, aber der Peter liebt seine Uschi nach wie vor (Herz 10, Herz 7).

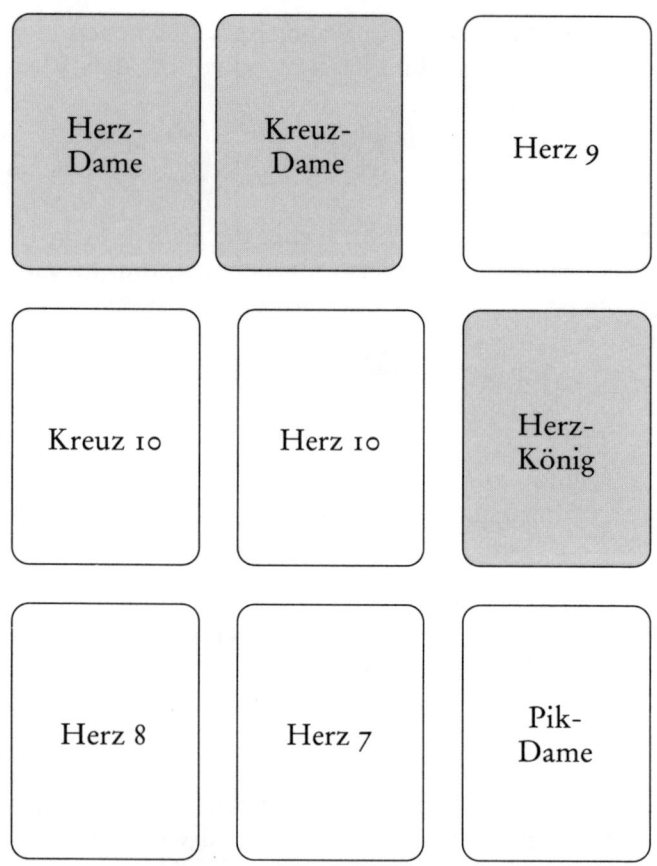

Hier sieht's problematisch aus. Elfriede verdächtigt ihren Martin, daß er ein Techtelmechtel im Büro hat, vielleicht sogar *eine Affäre*.

Die Befürchtung von Elfriede (Herz-Dame vereint mit Kreuz-Dame, also ist Elfriede hausmütterlich, schlicht, vielleicht läßt sie sich sogar gehen) ist leider berechtigt.

Klar, sie liebt ihn (Herz 9), aber Kreuz 10 neben Herz 10 beim Martin (Herz-König) lassen erkennen, daß Ehestreit bevorsteht.

Martin wünscht sich (Herz 8) mehr Erotik (Herz 7) – und daher ist er für eine junge, leidenschaftliche Frau (Pik-Dame) entflammt.

Zugegeben, ein heißer Flirt – aber mehr nicht.

Elfriede sollte rasch etwas unternehmen, um ihn zurückzugewinnen. Sie sollte wieder attraktiver, begehrenswerter werden. Weg mit den Lockenwicklern, weg mit der Kittelschürze, her mit dem Lippenrouge, her mit dem verführerischen Mini-Kleid (oder dem raffiniert geschlitzten Kostüm).

Das ist ein heikler Fall:
Die verheiratete Irmgard (Herz-Dame) hat sich ausgerechnet in ihren Chef (Karo-König) verknallt – und wie!
Leicht verzweifelt fragt sie sich, ob er das gleiche für sie empfindet, ob es für beide die ganz große Liebe wird.

Vorsicht, Vorsicht, liebe Irmgard! Sie leben einen liebesblinden Wunschtraum, der für Sie in einem Alptraum enden könnte. Ihr Chef hat nämlich im wahrsten Sinne des Wortes kein HERZ für Sie. Ihm geht's nur um die Arbeit (Karo-As, der Erfolgsbetonte, Karo 9, die Arbeitskarte). Kein Herz weit und breit. Nur bei Irmgard: Herz 9 (Liebesgefühle), Herz 7 (Erotik).

Nein, das kann nicht gutgehen, Irmgard. Wenn Sie ihn weiter anschmachten und anhimmeln, wird zwangsläufig Ihre Arbeit darunter leiden, werden Sie gehörigen Ärger mit ihm bekommen (Kreuz 10). Die Folge: Tränen und Kummer (Kreuz 7).

Reißen Sie sich zusammen, setzen Sie Ihre Ehe nicht aufs Spiel!

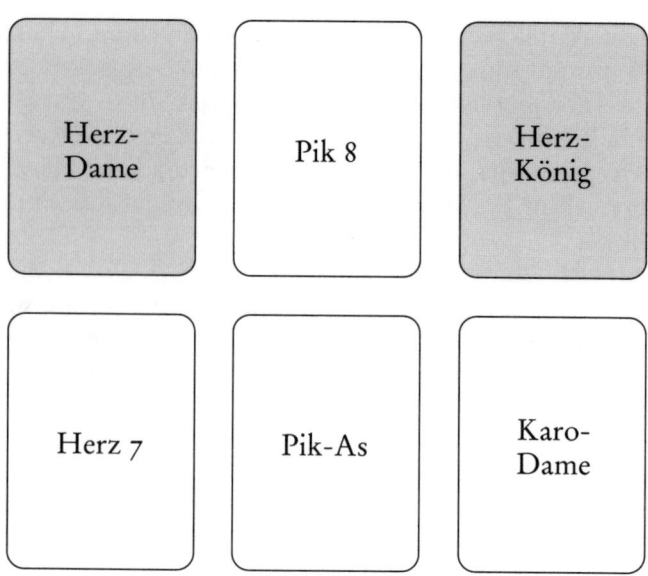

Diese Ehe ist am Schlußpunkt (Pik 8), jeder geht seine eigenen Wege.

Ursula (Herz-Dame) ist von ihrem Mann (Herz-König) verlassen worden. Sie befürchtet, er hat eine andere. Und Ursula stellt sich die bange Frage:
Kommt er zurück, wird alles wieder gut?

Ich kann Ursula Hoffnung machen. Er suchte »nur« ein Abenteuer (Herz 7), er trennt sich (Pik-As) von seiner Geliebten (Karo-Dame).

Und jetzt zeige ich Ihnen die Kartenlage, wenn sich Ursula voraussichtlich mit dem *endgültigen Bruch* abfinden müßte:

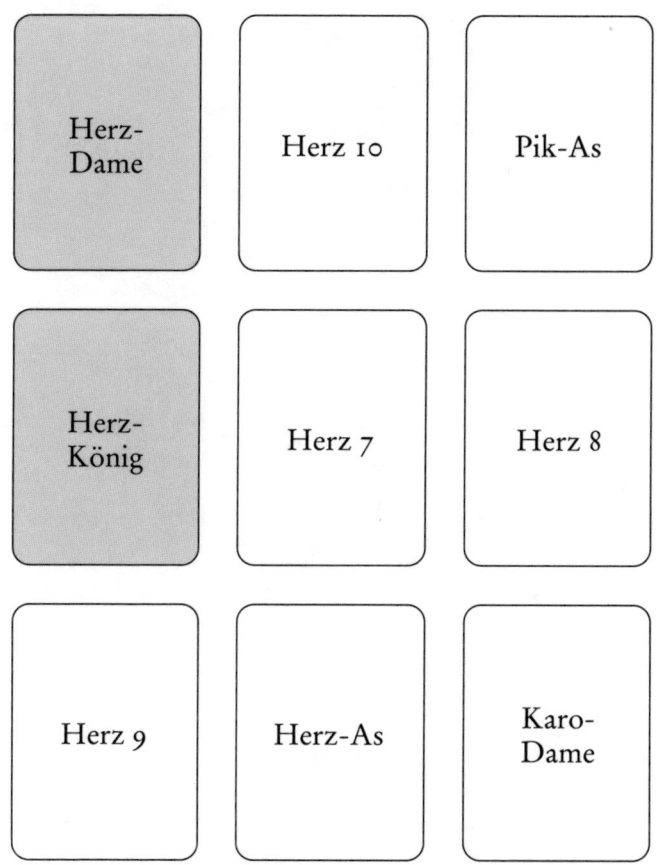

Zwischen Ursula und ihrem Mann: Herz 10, Pik-As – die Liebe ist erloschen, Trennung! Seine Herzen (7 Erotik, 8 Wunsch und Glück, 9 Harmonie) gehören alle der anderen, mit der er bereits zusammenlebt (Herz-As, die Hauskarte). Aus und vorbei.

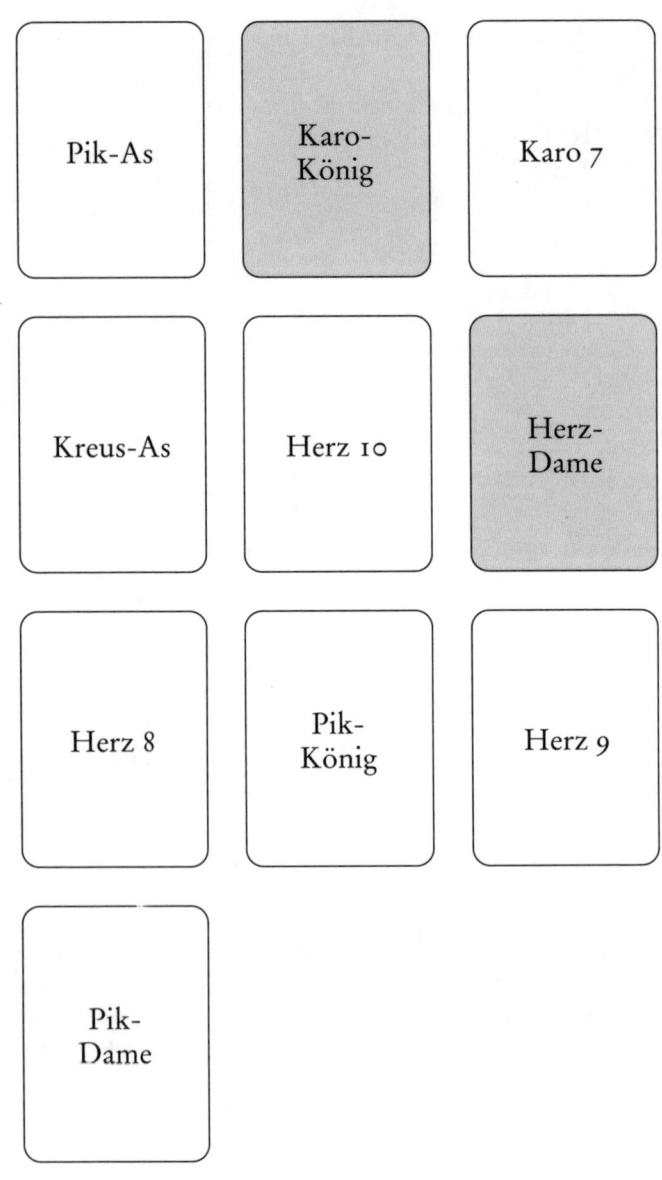

Ähnlich schwarz sehe ich für diese Verbindung. Luise bekennt:

Unsere Ehe ist ziemlich zerrüttet.

Mein Mann verlor seinen Job, er trinkt, es gibt ständig Krach. Ich hätte ihn schon längst verlassen, wenn die Kinder nicht wären. Natürlich hoffe ich noch immer, daß er sich wieder fängt, aber ich bin ziemlich pessimistisch.

Nein, zum Optimismus besteht tatsächlich kein Anlaß. Luise sollte sich scheiden lassen.

Er, der frühere Herz-König, wurde zum aggressiven, polternden, ichbezogenen Karo-König. Links von ihm verrät Pik-As, daß er ein Trinker ist. Rechts von ihm: Beruflich bleibt er chancenlos (Karo 7, Kreuz-As). Und dem Kreuz-As folgt die gestorbene Ehe (Herz 10) – das schwarze As »tötet« sozusagen die rote Liebeskarte.

Die ganze Liebe (Herz 8, Herz 9) von Luise (Herz-Dame) konzentriert sich ausschließlich auf ihre beiden Kinder: den Sohn (Pik-König) und die Tochter (Pik-Dame).

Jetzt wenden wir uns erfreulicheren Aussichten zu. Rita und Rolf sind glücklich verheiratet, *sie wünschen sich ein Kind,* »es klappt« jedoch nicht.

Dürfen Rita und Rolf dennoch guter Hoffnung sein?

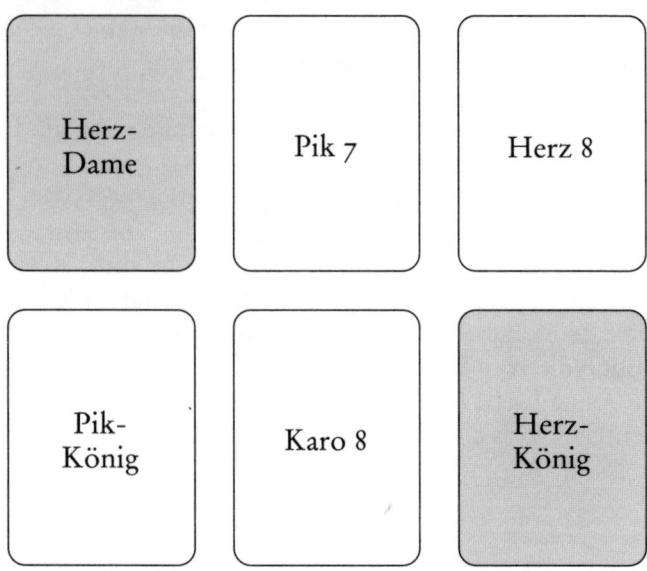

Aber ja. Denn gleich neben der Herz-Dame (Rita) liegt die Schwangerschaftskarte Pik 7. Herz 8: Das Glück, ergo der Wunsch nach einem Baby, geht in Erfüllung. Und der werdende Vater (Herz-König) darf sich mit Rita schon bald (Karo 8, Zeitkarte) auf einen Stammhalter (Pik-König) freuen. Herzlichen Glückwunsch!

Übrigens, wenn die Ehe *weiter kinderlos* bleiben würde, dann müßten die Karten folgendermaßen liegen:

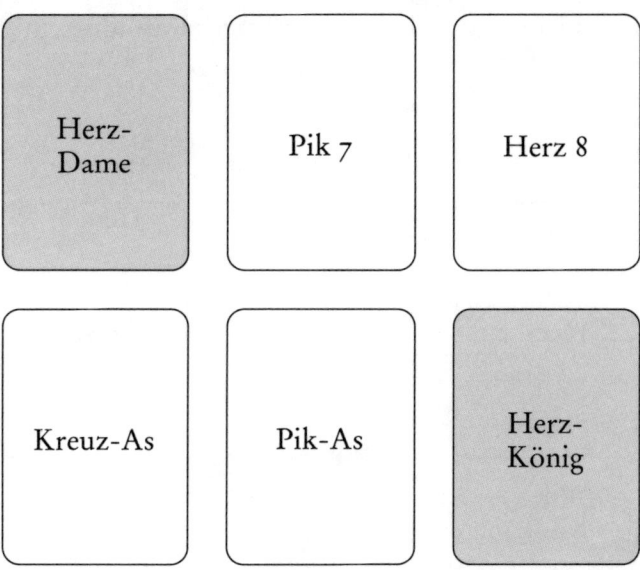

Die großen Unglückskarten Kreuz-As und Pik-As machen den Wunsch (Herz 8) nach einer Schwangerschaft (Pik 7) zunichte.

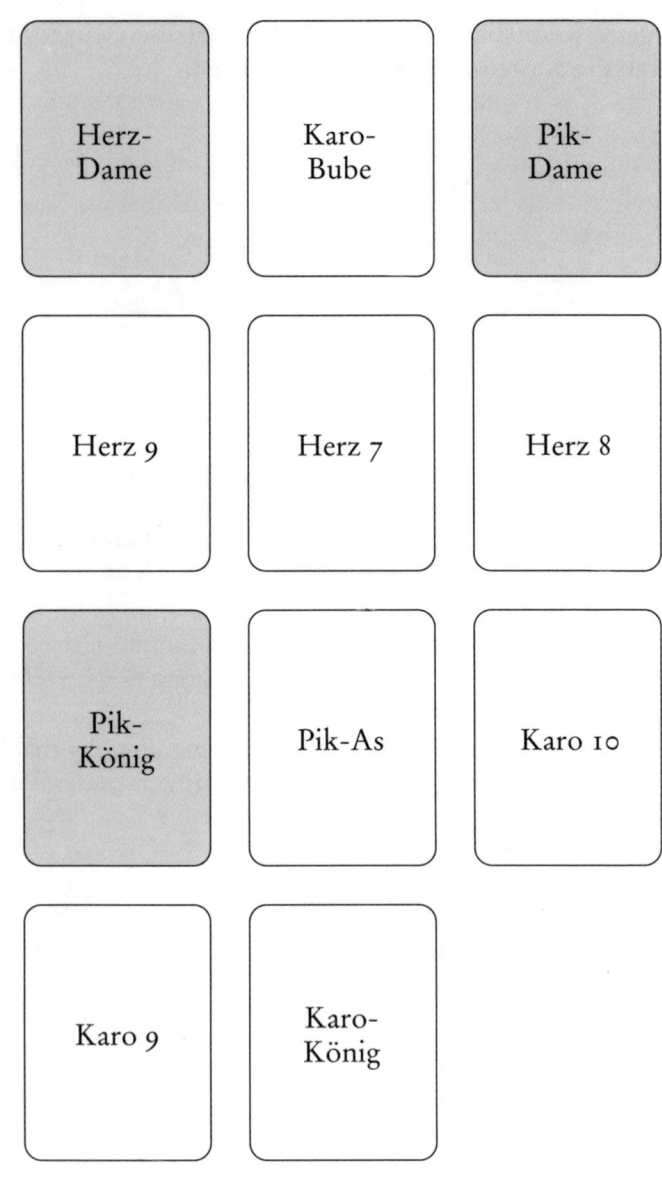

Herz-
Dame

Karo-
Bube

Pik-
Dame

Herz 9

Herz 7

Herz 8

Pik-
König

Pik-As

Karo 10

Karo 9

Karo-
König

Bei diesem Beispiel geht es ebenfalls um den Nachwuchs – allerdings mit ganz anderer Thematik:

Eine Mutter macht sich Sorgen um ihren Filius, der in der Schule immer mehr abrutscht.

Warum? Vermutlich wegen dieses Mädchens, das er kennengelernt hat. Jetzt hat er nur noch die Kleine im Kopf und konzentriert sich kaum noch aufs Büffeln.

Die Mutter (Herz-Dame) hat leider recht. Sie macht sich Gedanken (Karo-Bube) wegen der Freundin (Pik-Dame), die recht verliebt ist (dreimal Herz) in Mutters Sohn (Pik-König).

Und der haßt (Pik-As) die Schule; dafür stehen die sogenannten Arbeitskarten Karo 10 und Karo 9, gefolgt vom Lehrer (Karo-König, der Respektsperson).

Die Mutter sollte mit Sohn und Freundin, vielleicht zusammen mit dem Lehrer, ein ernsthaftes Gespräch führen. Nichts gegen eine rosarote Teenager-Liebe, ganz im Gegenteil, sie sollte den Herrn Sohn vor lauter Glück in der Schule eher beflügeln. Also, liebe Mutter, versuchen Sie, keinen Keil zwischen Sohn und Freundin zu treiben.

Diese sechs Karten entlarven einen *Partner, der's von Herzen nicht ehrlich meint*. Melanie hat irgendwie das Gefühl, daß sie für ihn nur eine Affäre ist.

Melanie (Herz-Dame), geben Sie dem Halodrie den Laufpaß! Er, der Karo-König, ein erfolgreicher Geschäftsmann (Karo-As), sucht bei Ihnen lediglich das Bett-Vergnügen (Herz 7, Sex). Tatsächlich liebt er (Herz 10) seine Frau (Kreuz-Dame), eine etwas ältere Frau; demnach sind beide seit langen Jahren verheiratet.

Abschließend zum Thema Partnerschaft zwei Kurz-Beispiele:

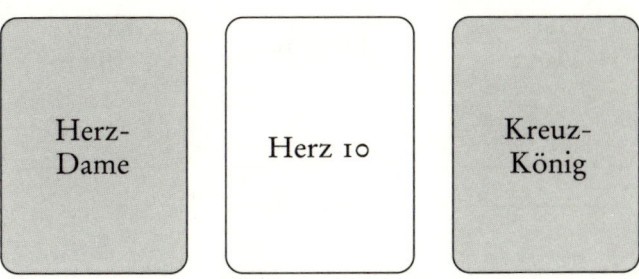

Das ist die *Liebe auf den zweiten Blick.* Die Herz-Dame, die stets nach dem Herz-König Ausschau hielt, hat den Kreuz-König lange Zeit völlig übersehen (er könnte natürlich auch der Karo- oder Pik-König sein).

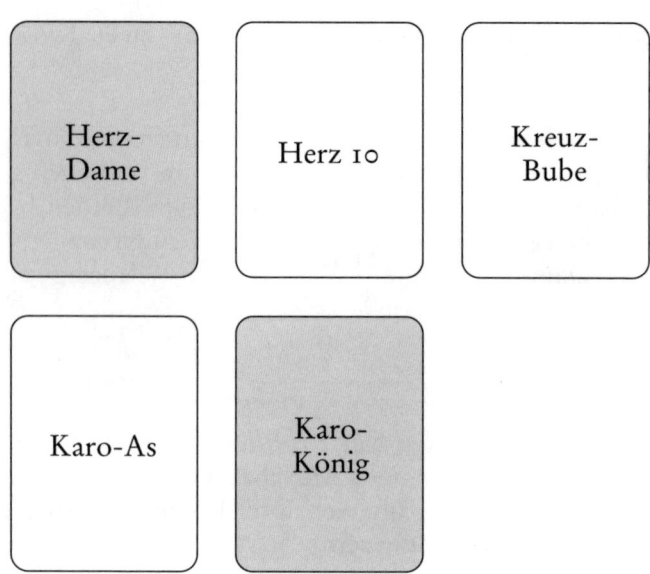

Hier freut sich die Herz-Dame darauf, einen reichen (Karo-As) *Top-Mann* (Karo-König) *zu heiraten.*

Thema Gesundheit

Karten sind keine Ärzte. Setzen Sie also bitte nichts aufs Spiel. Auch wenn Ihnen Ihre »innere Stimme« zu verstehen geben sollte, daß Sie vermutlich nur ein harmloses Leiden befällt, das zudem rasch abklingen wird – gehen Sie trotzdem zum Arzt. Umso schneller und leichter werden Sie auch geringfügigere Krankheiten auskurieren.

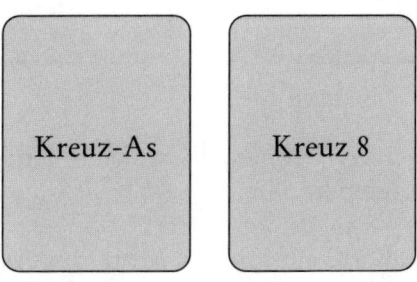

Diese beiden Blätter stehen für Krankheit (wenn kein Karo oder Herz dabeiliegen).

Kreuz-As: Schwerere organische Erkrankung.

Kreuz 8: Leichtere Erkrankung organischer oder psychischer Art.

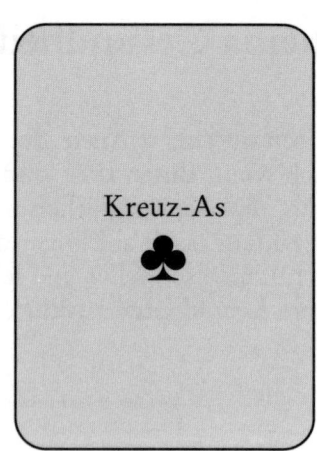

Diese Karten zeigen Ihnen, in welcher Körperregion die
Krankheit auftreten könnte.

Deutet das große Kreuz (in der Mitte des As) nach unten,
so handelt es sich um eine Erkrankung im unteren Bereich
(z. B. Magen, Niere, Galle, Darm, Geschlechtsorgane, Beine,
Füße).
   Weist die Kreuz-Spitze nach oben, dann besteht Gefahr
für Herz, Lunge, Arme, Hände, Schulter, Hals, Kopf.

Beispiele

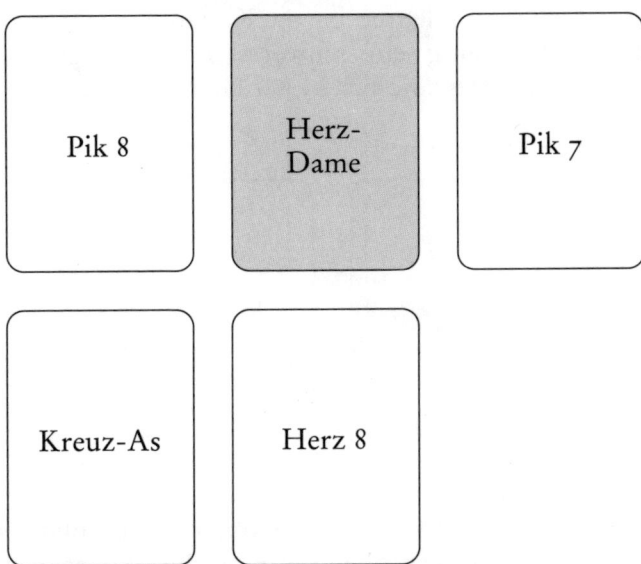

Hier ein Beispiel, bei dem der Herz-Dame (weibliche Ich-Karte) angst und bange werden könnte – auf den ersten Blick.

Ein schweres, längeres Leiden (Pik 8) zeichnet sich ab, das durch die PIK 7 noch dramatisch verstärkt wird. Es sieht recht schwarz aus (umgehend zum Arzt!).

Einen zarten Hoffnungsschimmer signalisiert allerdings die Herz 8:

Letztlich wird der Patient genesen.

Wie gesagt, nicht gleich in Panik geraten, wenn Sie die Kreuz-As drohend neben sich (oder einem Ihrer Lieben) sehen. Ein

Warnsignal, mehr nicht. Aber nehmen Sie es ernst. Rechtzeitige ärztliche Hilfe ist die beste Heilung.

Meine Mutter beispielsweise würde heute vermutlich nicht mehr am Leben sein, hätten ihr die Karten vor Jahren nicht rechtzeitig, frühzeitig ein schweres Leiden angekündigt (Krebs). Heute erfreut sie sich bester Gesundheit!

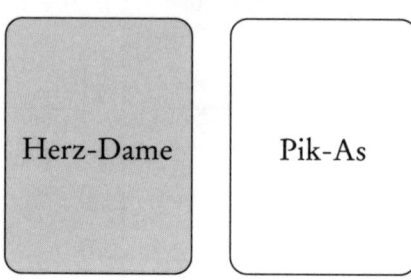

Rückt die Pik-As dicht an eine Person(en-Karte) und lassen sich dabei keine Herzen oder Karos blicken, so neigt diese Person zu Depressionen, zu psychischen Erkrankungen.

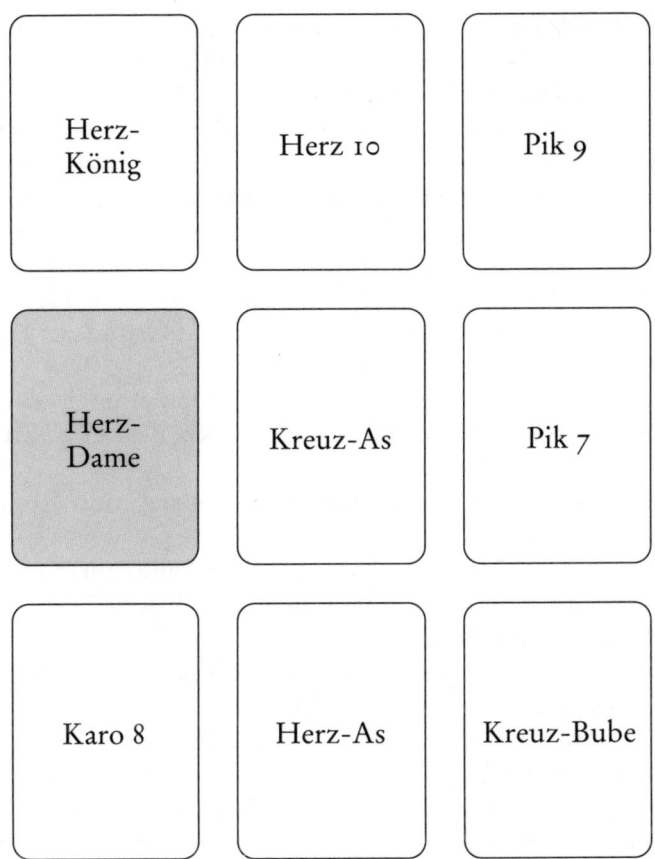

Herz-König	Herz 10	Pik 9
Herz-Dame	Kreuz-As	Pik 7
Karo 8	Herz-As	Kreuz-Bube

Diese Bilderfolge mischte vor Jahren eine junge Dame, die mit Liebeskummer zu mir gekommen war (und beiläufig erwähnte, daß sie sich in drei Tagen einer harmlosen Operation unterziehen müsse).

Ich war bestürzt! Denn Kreuz-As (mittleres Kreuz nach unten) und PIK 7 sprachen deutlich von einem schweren Unterleibsleiden (die Zeitkarte Karo 8 präzisierte, daß der

Eingriff kurz bevorstand). Hatten ihr die Ärzte die tatsächliche Problematik etwa verschwiegen? (Herz-As und Kreuz-Bube weisen auf Krankenhaus hin).

Die junge Dame reagierte schockiert. Sie war völlig ahnungslos gewesen.

Und der Liebeskummer, der sie vordergründig quälte, der resultierte offenbar aus ihrer unterschwelligen Furcht vor dem angeblich belanglosen Eingriff. Denn links von ihr signalisiert der Herz-König-Ehemann durch die Herz 10, daß er sie sehr liebt, demnach gibt es keinen Grund zur Eifersucht (Beweis: Pik 9 neben Herz-Dame).

Nachdem die erschrockene junge Dame noch einmal durchgemischt hatte, konnte ich sie glücklicherweise beruhigen:

Denn neben ihre Herz-Dame schoben sich nun Kreuz 8 und Herz 8.

Herz 8: Beste Heilungschancen, es wird alles gut. Kreuz 8: Die »große« Krankheit verwandelt sich lediglich zu einer »kleineren« Krankheit.

Diagnose: Die schwere Operation verläuft positiv, die völlige Genesung wird sich jedoch hinziehen.

Übrigens: Ein Jahr später überraschte mich die junge Dame mit einem Dankeschön-Sträußchen. Ja, sie hatte alles bestens überstanden. Und sie bekannte, daß ihr die Karten-Prognose (alles wendet sich letztlich zum Guten) die nötige Kraft gab, die Krankheit zu besiegen.

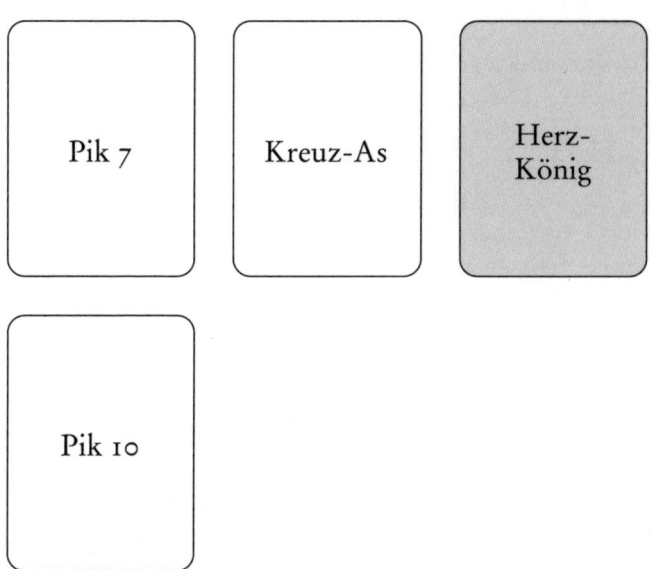

Einem Beamten, der sich zwar gesund fühlte und dennoch von »dunklen Vorahnungen« geplagt wurde, legte ich diese Reihenfolge. Nun, die schwelenden Befürchtungen des Mannes (Herz-König, Ich-Karte) waren durchaus berechtigt:

Ihm drohte eine schwere Erkrankung (Kreuz-As, Pik 7), allerdings erst in etwa ein, zwei Jahren (Pik 10, die Zeitkarte). Also Zeit genug, den Arzt zu konsultieren, sich untersuchen und behandeln zu lassen, damit das angekündigte Leiden in ein, zwei Jahren erst gar nicht zum Ausbruch kommen kann (ich erinnere an das Beispiel meiner Mutter).

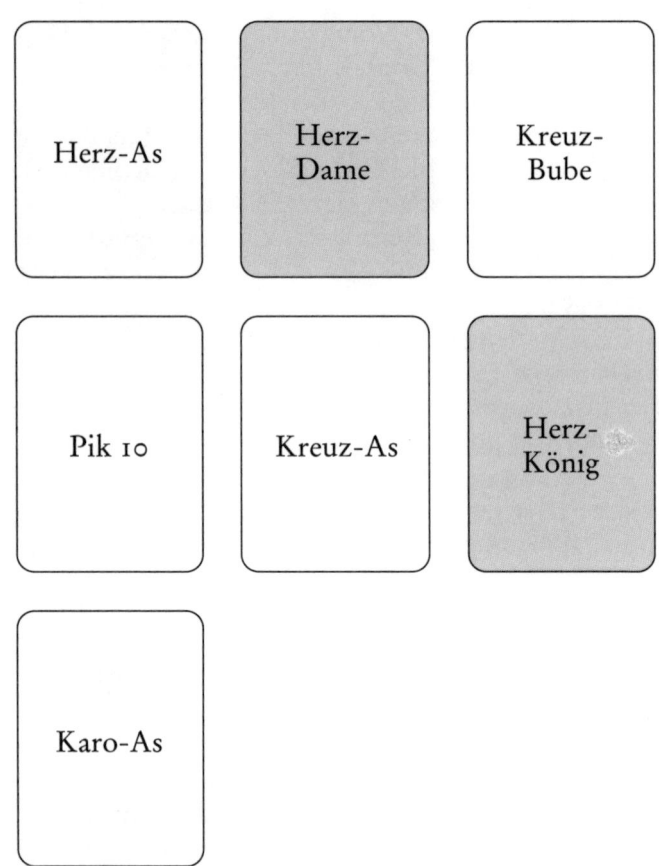

Hier besteht Unfallgefahr für den Herz-König. Und zwar durch die Paarung Pik 10, große Reise (bei dieser Sachlage demnach nicht die Zeitkarte), mit Kreuz-As, schwerer Unfall (mit PIK 8 wäre es eine kleine Reise, mit Kreuz 8 ein kleiner Unfall).

Beim aufgeblätterten Beispiel geht es um einen möglichen Unfall im Ausland. Wieso im Ausland? Wegen der »großen

Reise«, bei der der Herz-König zunächst einmal die Grenz-
station passieren muß (Kreuz-Bube, Ämter-Symbol).

Ob Pik 10 und Pik 8 zu Zeitkarten oder, wie in unserem
Beispiel, zu Unfall-Karten werden, das können Sie an den
umliegenden Blättern ablesen. In diesem Fall die Herz-Dame,
die Ehefrau des reiselustigen Herz-Königs. Daß beide gleichzeitig auf einer »großen Reise« erkranken, ist auszuschließen,
weil bei der Herz-Dame keine Krankheitskarten liegen,
zumal das Karo-As (die berufliche Erfolgskarte) klarmacht,
daß er aus rein dienstlichen Gründen und demzufolge alleine
(Herz-Dame hat Herz-As neben sich, also befindet sich die
Ehefrau zuhause) auf Achse sein wird. Also Unfall!

Sie sehen, man muß manchmal etwas phantasievoll kombi-
nieren.

Bezüglich der bevorstehenden Dienstreise ist dem Herz-
König also unbedingt zu größter Vorsicht zu raten.

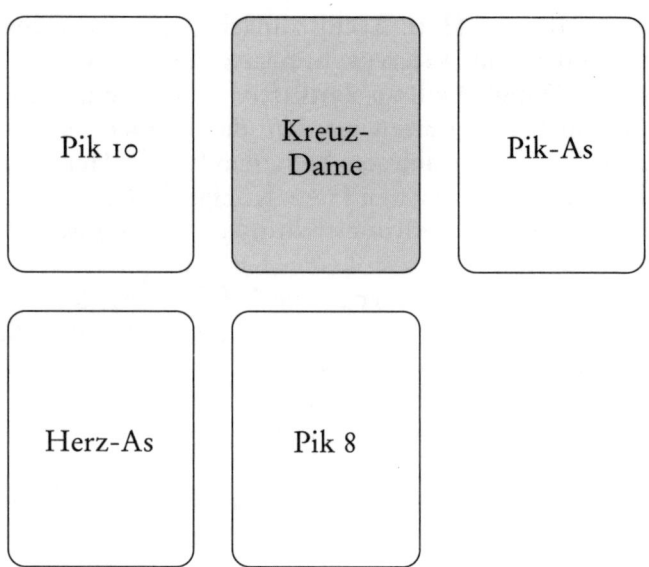

Hier zeige ich Ihnen eine »eingebildete Kranke.« Eine sym-
pathische, weißhaarige Witwe, die mir wehklagend vorjam-
merte, wie schlecht es ihr doch gehe. Ständig habe sie Schmerzen in den Beinen, im Rücken, im Kopf – überall. Ach, sie
fühle sich total ausgelaugt und könne des Lebens nicht mehr
froh werden.

Tatsächlich fehlte ihr organisch überhaupt nichts (kein
Kreuz-As, kein Kreuz 8 in Sichtweite).

Dafür aber neben ihr (Kreuz-Dame) das Pik-As, also leidet
sie unter Depressionen, sie ist schwermütig, vergrämt,
negativ. Warum? Weil sie alleinstehend, einsam ist (Pik 10
und Pik 8, die »Reisekarten«, zeigen, daß sich die Witwe von
anderen Menschen weit entfernt hat). Und das Herz-As (die
Hauskarte) bestätigt, daß sie sich isoliert in ihren vier Wän-
den vergräbt.

Ich riet ihr, sie solle ihre selbst auferlegte Abkapselung, ihr Schneckenhaus, verlassen; vielleicht sollte sie einmal zu ihrer ebenfalls alleinstehenden Nachbarin gehen, die eventuell ähnlich einsam ist wie sie. Oder sie könnte sich einem Senioren-Club anschließen. Oder, warum nicht ein Urlaub auf Mallorca?

Eigeninitiative, Eigenverantwortung, wir sprachen bereits darüber.

Thema Beruf / Finanzen

Hier dreht sich alles um Karo. Oder fast alles, es kommt ganz
auf die Kombination an.

Grundsätzlich gilt:

◆ Karo-König ist der Chef, Karo-Dame die Chefin.
◆ Karo-As ist die berufliche und finanzielle Erfolgskarte!
Die Karrierekarte.
◆ Karo 10: Beförderung, Anerkennung, finanzieller Erfolg.
Steht auch für Wertpapiere, Aktien, Zeugnisse.
◆ Karo in Verbindung mit Herz 8: Ihr beruflicher, Ihr finan-
zieller Wunsch geht in Erfüllung.

Doch aufgepaßt! Mischt sich ein schwarzes As ein, dann wird
die Prognose schlagartig ins Negative umgekehrt.

Und denken Sie bitte bei allem, was Ihnen Ihre »innere
Stimme« ankündigt, daran, daß aus avisiertem Erfolg Mißerfolg werden kann – dann, wenn Sie sich hocherfreut zurücklehnen und abwarten. Nein, Sie müssen schon die Ärmel
hochkrämpeln und zupacken.

Eigenverantwortung, Eigeninitiative!

Beispiele

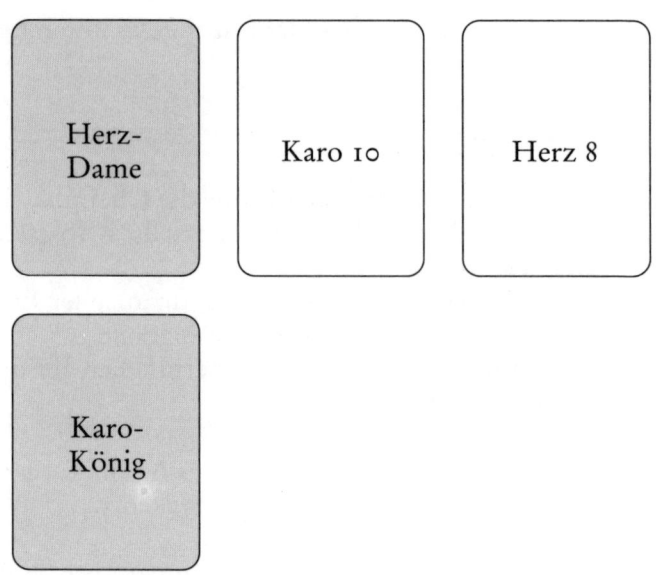

Einfache Frage:
Ist mein Chef mit mir zufrieden?

Klare Antwort: Ja, verehrte Herz-Dame (stellt ein Mann die Frage, so wäre er der Herz-König). Der Karo-König-Chef signalisiert dies durch Herz 8 (Erfolg, Glück) und Karo 10 (Karo-As oder andere Karo-Karten wären auch möglich). Da die Karo 10 ebenfalls für Beförderung – beziehungsweise Geld – steht, könnte dieser positiven Beurteilung durchaus eine Gehaltserhöhung folgen.

Fragen Sie die Karten direkt nach einer *Gehaltserhöhung,* bekommen Sie ein etwa identisches Bild gezeigt.

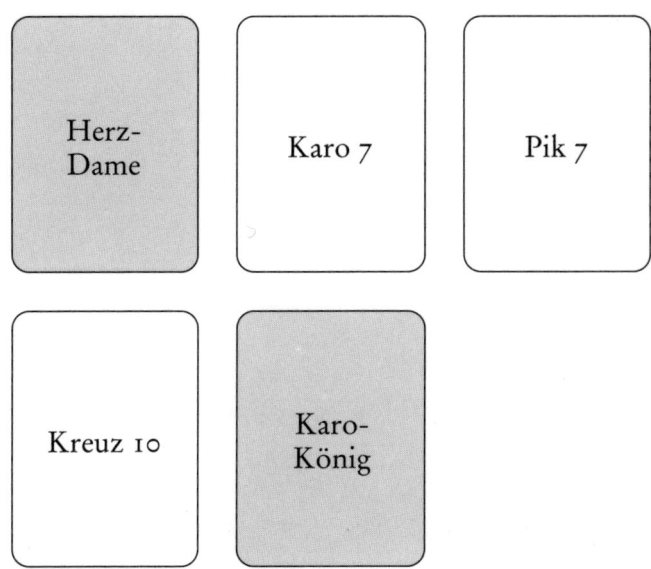

Im oberen Falle ist *der Chef ganz und gar nicht mit Ihnen zufrieden;* und logischerweise gibt's *keine Gehaltserhöhung.*

Karo-Karten (es ist im Grunde völlig egal, welche dort liegen) bestätigen das Dienstliche und die Pik 7 (das Warnsignal) macht die Mißstimmung (Kreuz 10) des Chefs deutlich.

Läge neben der Herz-Dame die Karo 7 (ohne die Pik 7, ohne die Kreuz 10), dann hieße dies, daß alles beim alten bleibt; also weder Freud, noch Leid, noch Geld.

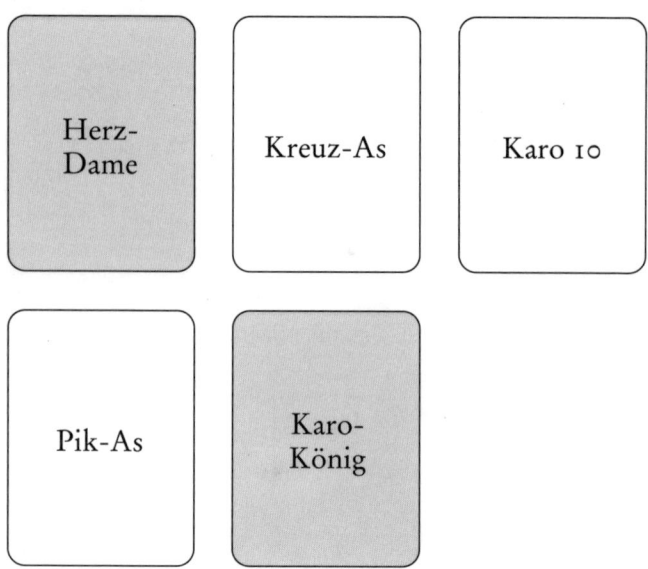

Wir wollen nicht gleich den Teufel an die Wand malen, aber wenn diese Kombination auf dem Tisch liegt, dann haben Sie die allerschlechtesten Karten in Händen! *Der Chef droht, Sie rauszuschmeißen!*

Neben der beklagenswerten Herz-Dame (und dem Kreuz-As) liegt die Karo 10 in Verbindung mit Pik-As (fristlose Kündigung, schlechtes Zeugnis). Das Kreuz-As verdeutlicht den sofortigen Verlust, das große Unglück.

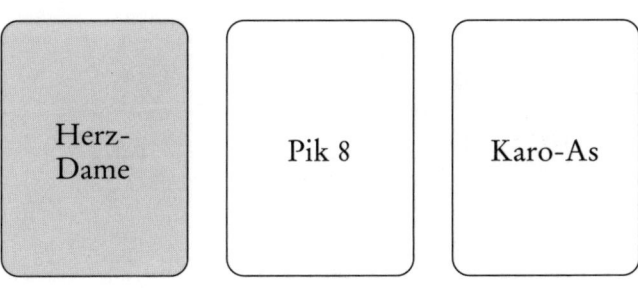

| Herz-Dame | Pik 8 | Karo-As |

Die Herz-Dame möchte wissen, ob sie sich *beruflich verändern* sollte.

Nach Lage der Dinge steht dem eigentlich nichts im Wege.
Pik 8 (oder Pik 10), die Zeit- oder Veränderungskarte.
Karo-As, die Erfolgskarte. Ließe sich am Ende noch die Herz 8 blicken, dann stünden die Wechselchancen noch besser.

99

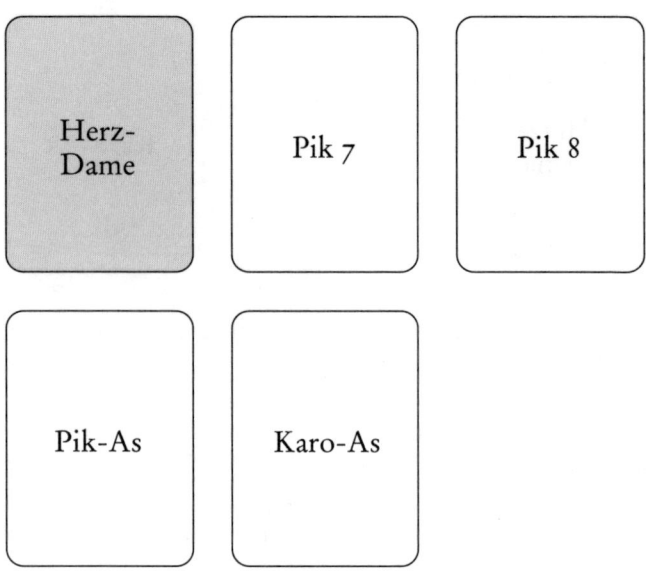

Bei diesem Beispiel ist *von Veränderungsabsichten* (Pik 8) *dringend abzuraten.*

Pik 7 warnt eindeutig und Pik-As prophezeit erhebliche Hindernisse, Probleme und Ärger.

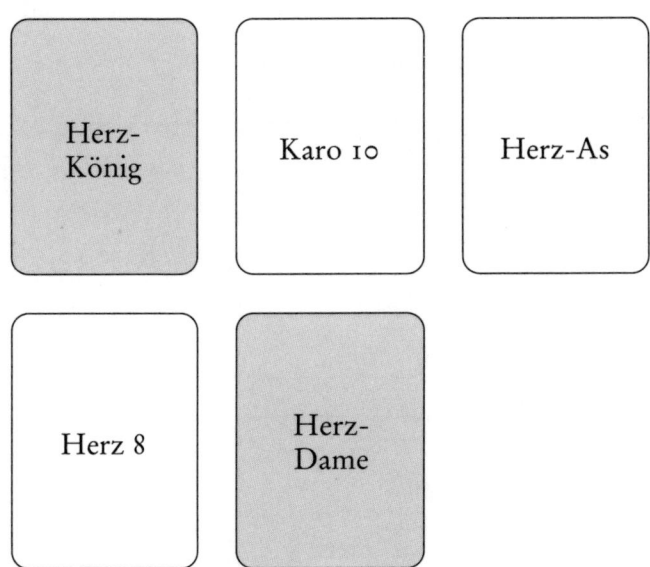

Ein beruflich einigermaßen *erfolgreicher Ehemann möchte bauen,* muß sich daher hoch verschulden. Er fragt: *Kann ich das finanzielle Risiko wagen?*

Keine Bedenken. Karo 10, das Grundstück, das Geld. Herz-As, die Hauskarte und daneben die Herz 8, mit der ein Wunsch in Erfüllung geht – was die (Herz-)Dame des Hauses natürlich erfreut.

Das umgekehrte Beispiel:
Achtung, Finger weg vom Bauprojekt!

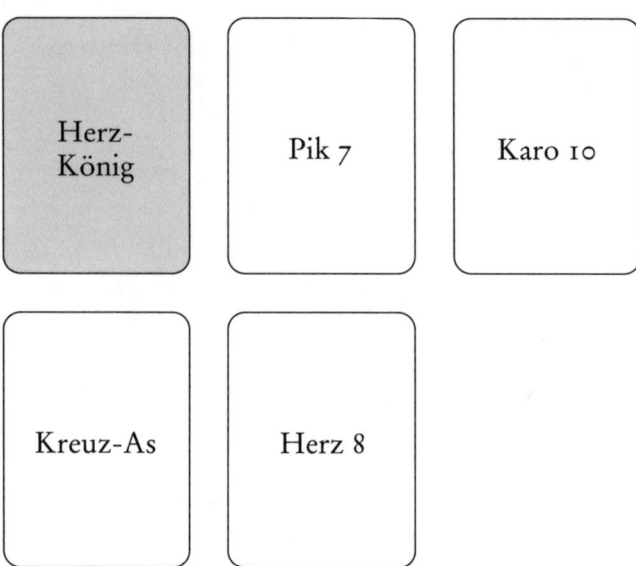

Pik 7 warnt wegen der Finanzen (Karo 10), und Kreuz-As
(Verlust, Unglück, Hindernis) macht den Wunsch (Herz 8)
zunichte.

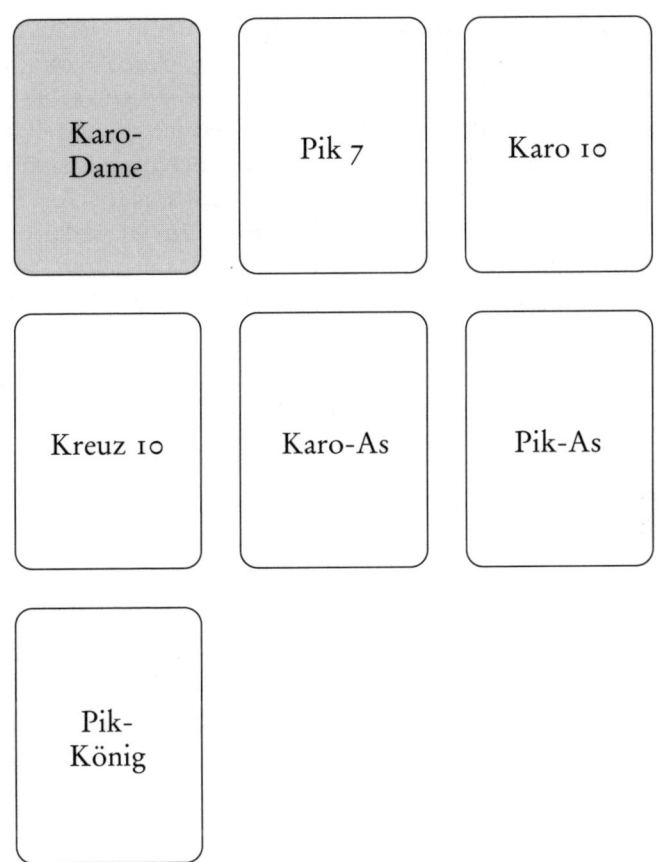

Hier fragt sich die Chefin (Karo-Dame), ob *ihr neuer junger Mitarbeiter,* der ihr die besten Referenzen vorlegte, sich beim Vorstellungsgespräch so dynamisch, selbstbewußt und versiert präsentierte, ob dieser junge Mann nicht *ein kleiner* »Hochstapler« ist, der mächtig übertrieben hat – und nun ganz »kleine Brötchen backt« (und dafür auch noch das große Geld kassiert).

Die Frage ist berechtigt. Der angeblich tolle Nachwuchs-
mann (nur ein Pik-König und kein Top-Karo-König) hat
schwarze Karten. Die Chefin wird durch Pik 7 gewarnt, Karo
10 (der Erfolg) wird durch Kreuz 10 reduziert, und Pik-As
(Ärger, Probleme, dieser junge Mann überfordert sich nur)
vernichtet die berufliche Spitzenreiter-Karte Karo-As.

Nein, verehrte Chefin, der Mann hat zuviel versprochen
(aber nicht gleich feuern, lassen Sie ihn das arbeiten, was er
kann – logischerweise nach Ablauf der Probezeit mit redu-
ziertem Gehalt).

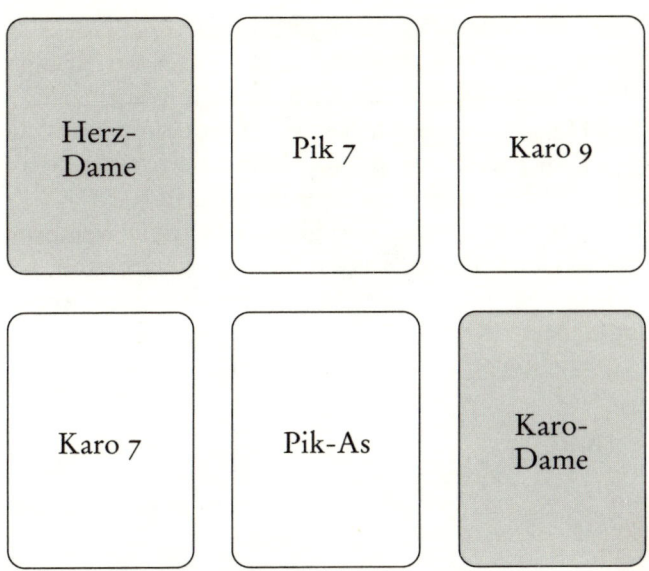

Bei dem Beispiel geht es um ein brisantes Thema:
Intrigen am Arbeitsplatz.

Die Herz-Dame hat ihre ach so nette, süßlich lächelnde
Schreibtischkollegin (die Karo-Dame) im dringenden Ver-
dacht, daß sie den berühmten Dolch im Gewande trägt und
heimlich, heimtückisch hinter ihrem Rücken beim Chef auf
sie einsticht.

Der Argwohn der Herz-Dame ist nicht von der Hand zu weisen. Pik 7 warnt, (Karo 9, Karo 7, die kleinen Arbeitskarten)
und Pik-As (Intrigen!) enttarnt die »liebe« Kollegin als giftige
Schlange.

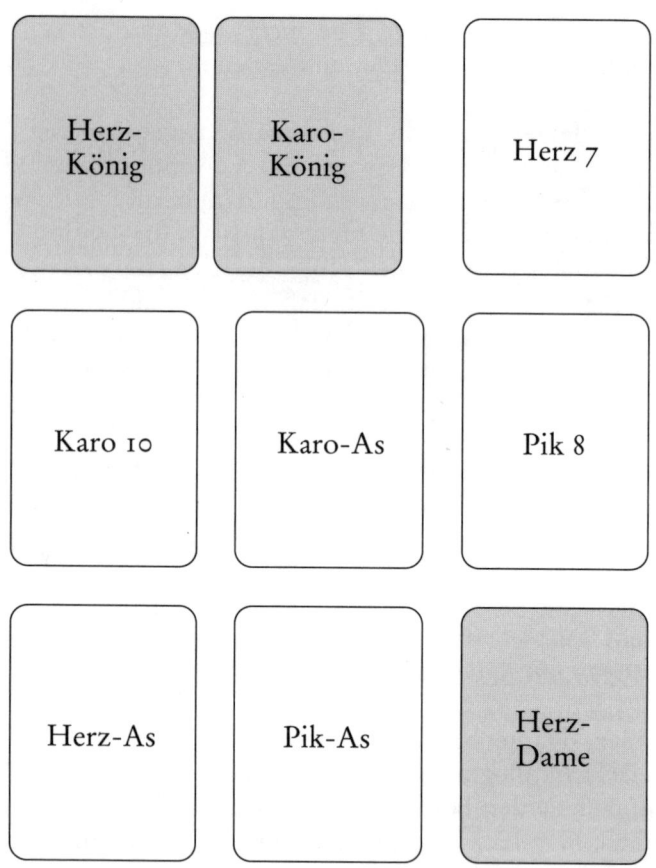

Herz-König	Karo-König	Herz 7
Karo 10	Karo-As	Pik 8
Herz-As	Pik-As	Herz-Dame

Diese Kartensprache verdeutlicht das Eingeständnis eines erfolgreichen Managers:

»Ich ackere wie ein Pferd, doch je höher ich aufsteige, desto weiter scheint sich meine Frau von mir zu entfernen. Okay, ich habe immer weniger Zeit für sie, der Job frißt mich halt auf. *Einerseits will ich meine Karriere nicht abbrechen, ande-*

rerseits möchte ich meine Ehe nicht aufs Spiel setzen. Wie komme ich aus diesem Dilemma heraus?«

Ihre Karten bestätigen die Problematik. Daß Sie in der Firma ein Spitzenmann sind, beweist die Verbindung von Herz-König (Ehemann) mit Karo-König (dem beruflich Erfolgreichen). Ihr Herz (die kleine Herz 7) schlägt für den Job (Karo 10), in dem Sie respektable Erfolge erzielen (Karo-As). Allerdings mit der fatalen Folge, daß Sie sich auch gedanklich immer mehr von zu Hause (Herz-As) entfernen (Pik 8, Reisekarte) und damit von Ihrer Frau (Herz-Dame). Begreiflich, daß Ihre Frau daher zunehmend verzagt und vom Kummer bedrückt wird (Pik-As).

Noch tauchen die großen Trennungskarten (Herz 10, Pik-As) nicht in Ihrem Zukunftsbild auf. Aber die Gefahr droht, daß Ihr beruflicher Höhenflug mit dem Absturz Ihres Eheglücks endet.

Überlegen Sie bitte, was Ihnen wichtiger ist: In punkto Karriere ganz oben zu thronen – allein und einsam – oder ein paar Beförderungs-Etagen tiefer, dafür aber glücklich vereint mit Ihrer Frau.

Mein Rat: Treten Sie dienstlich kürzer, opfern Sie die Liebe nicht.

Kurz-Beispiele

● **Das große Geld:** Karo 10 (oder Karo-As) plus Herz 8.

● **Reichtum, Glück:** Herz 10 plus Karo 10 plus Kreuz 10.

● Bei obigen Beispielen kann die Karo 10 auch auf eine größere Erbschaft hinweisen (wobei Karo 10 dann zur Testamentskarte wird). Werden Sie nicht bedacht, so taucht Kreuz-As mit Karo 10 auf (mit Pik-As ist ein kleines Erbe möglich, jedoch mit erheblichen Scherereien).

● **Der Supergewinn, der große Wurf Ihres Lebens:** Herz-As plus Karo-As plus Kreuz-As.

● **Wertpapierkauf:** Wie bei den Geldbeispielen. Liegt keine Zeitkarte vor (also Karo 8, Pik 10, Pik 8), dann sollten Sie »in nächster Zeit« kaufen.

● **Geld vom Finanzamt zurück:** Karo plus Herz 8 (fürs Finanzamt steht die Behördenkarte Kreuz-Bube). Gibt's Ärger mit dem Finanzamt: Kreuz-As statt Herz 8.

● **Prüfung, Test bestehen:** Karo 10 plus Herz 8 (wenn Sie eventuell durchfallen: Kreuz-As statt Herz 8).

● **Prozeßgewinn:** Pik-As (Gerichtskarte) plus Karo-As plus Herz 8. Negativer Urteilsspruch: Kreuz-As verdrängt Herz 8.

Hier ist das Glück im Spiel

Glück ist rot – und relativ. Ob Sie vor unbändiger Freude in die Luft springen, oder sich wohlig lächelnd zurücklehnen, kommt ganz auf die glücklichen Umstände an.

Egal, je mehr Rot Sie im Kartenfeld bei sich, bei ihm, bei ihr erblicken, desto glücklicher können Sie sich preisen.

Diese bescheidene kleine Herz 8 ist bekanntlich die Glücks- und Wunschkarte.

Herz 8

Liegt sie bei den Liebes-Herz-Karten:
Glück in der Liebe.

Liegt sie bei den Berufskarten (Karo 7, 8, 9, 10, As):
Glück am Arbeitsplatz.

Liegt sie bei den Geldkarten (Karo 10, Karo-As):
Glück im finanziellen Bereich.

Das **Superglück** kündigt sich durch die Kombination Herz-As, Karo-As mit Kreuz-As oder durch die Kombination Herz 10, Karo 10 mit Kreuz 10 an.

All dies zog sich wie ein roter Faden durch die Seiten, die Sie bislang gelesen haben.

Doch was ist das eigentlich – Glück?

Für den geldsatten Millionär ist es vielleicht ein Spaziergang durch eine bunte sommerliche Blumenwiese, für die genügsame Sozialempfängerin ein kleiner Vierer im Lotto.

Nach der Superkonstellation Herz-As plus Karo-As plus Kreuz-As erwartet der verwöhnte Reiche möglicherweise »läppische« 100.000 Mark mehr auf seinem Konto, die Rentnerin einen tollen Sechser – oder die Hochzeit ihrer Tochter. Oder, daß sie ihr entlaufenes Hündchen wiederfindet, daß ihr Hauswirt die Miete nicht erhöht, daß ihr der Enkel eine Reise nach Mallorca schenkt. Tja, für jeden von uns ist Glück nun einmal etwas anderes.

Glück ist die Fügung des Schicksals. Fortuna schüttet ihr Füllhorn blind und zufällig aus.

Durch die Karten aber wissen Sie rechtzeitig, wann Sie mit dem Glück am Zug sind. So können Sie optimal Ihre Chancen nutzen.

Ihrer »inneren Stimme«, Ihrem Unbewußten, sind Lotto-Trefferzahlen allerdings unbekannt.

Dennoch kann ich *Ihre voraussichtlichen Glückszahlen beziffern* (hier geht's um Numerologie, um die Zahlenmystik):

Ihr Geburtstag ist dabei der Schlüssel zum Gewinnglück.

Haben Sie beispielsweise das Licht der Welt am 24. erblickt, dann ist Ihre **Stammzahl** die 6 (24 = 2 + 4 = 6).

Ihre weiteren Glückszahlen leiten sich von der 6 ab und zwar ganz simpel:

6 = 1 + 5 = Glückszahl **15.**
6 = 2 + 4 = Glückszahl **24.**

6 = 3 + 3 = Glückszahl **33.**
6 = 4 + 2 = Glückszahl **42.**

Zusammen mit der 6 sind dies demnach fünf Zahlen. Doch um Lotto spielen zu können, benötigen wir eine sechste Zahl (die sich in diesem Falle nicht mehr aus der 6 herausrechnen läßt).

Welche Zahlen sind der 6 am »ähnlichsten«, welche passen zu ihr?

Die **3,** die **9** (ob Sie die eine oder die andere zur letzten Glückszahl ernennen, bleibt Ihrer Intuition überlassen).

Hier die *Glückszahlen-Palette für sie, für ihn – für alle:*

Wer am **1.** geboren ist – oder **am 10.** (1 + 0 = 10), **am 19.** (1 + 9 = 10; 1 + 0 = 1) oder **am 28.** (2 + 8 = 10):
   1, 10, 19, 28, 37, 46.

Wer am **2.** geboren ist – oder **am 11.** (1+1 = 2), oder **am 20.** (2 + 0 = 2) oder **am 29.** (2 + 9 = 11; 11 = 1 + 1, also wiederum 2):
   2, 11, 20, 29, 38, 47.

Wer am **3.** geboren ist – oder **am 12., am 21., am 30.:**
   3, 12, 21, 30, 29, 48.

Wer am **4.** geboren ist – oder **am 13., 22., 31.:**
   4, 13, 22, 31, 40, 49.

Wer am **5.** geboren ist – oder **am 14., 23.:**
   5, 14, 23, 32, 41 und 7 (als magische Zahl der magischen 5 zuzuordnen).

Wer am **6.** geboren ist – oder **am 15., 24.:**
   6, 15, 24, 33, 42 und 3 oder 9.

Wer am **7.** geboren ist – oder **am 16., 25.:**
7, 16, 25, 34, 43 und 5 (ähnlich der 7).

Wer am **8.** geboren ist – oder **am 17., 26.:**
8, 17, 26, 35, 44 und 4 (weil 8 und 4 die Zahl 2 beinhalten).

Wer am **9.** geboren ist – oder **am 18., 27.:**
9, 18, 27, 36, 45, 3 oder 6 (da 9 und 6 die Zahl 3 beinhalten).

Das sind alle Glückszahlen für alle. Denn wer beispielsweise am 11., 16. oder 31. zur Welt kam, der braucht lediglich unter diesen Daten seine Fortuna-Reihenfolge abzulesen.

Sind diese Zahlen auch gewinnträchtig, wenn Sie ein Lotterielos kaufen?
Ja, achten Sie dabei auf Ihre **Stammzahl.** Taucht sie mehrmals in der Lotterieschein-Nummer auf (je öfter, desto besser), so ist dies eine glückversprechende Prognose.
Nun denn, toi, toi, toi!

Was ich Prominenten aufdeckte

Wir wissen's alle: Die meisten Künstler sind abergläubisch; kein Wunder, daß sich viele Prominente von mir in ihre Karten schauen lassen (wenngleich dies, wie erwähnt, absolut nichts mit Aberglaube zu tun hat).

Nein, an dieser Stelle möchte ich nicht zur Klatschtante werden, die Höchstpersönliches, ganz Privates ausplaudert. Ich werde lediglich »aufdecken«, was beispielsweise auch Fernsehzuschauer einmal zu sehen bekamen, als ich den Künstlern die Karten deutete.

»Tagesschau«-Sprecherin **Dagmar Berghoff** (im Sternbild Wassermann geboren) bezeichnete sich vor Jahren als eher heiratsscheu (übrigens typisch für den Wassermann). Dennoch war sie natürlich neugierig, was ihr die Zukunft bringen würde, also mischte sie erwartungsvoll die Karten.

Und siehe da, ihre Herz-Dame war liebesrot umringt, sie schmiegte sich an einen Herz-König mit Karo-As, demnach ein beruflich erfolgreicher Top-Mann. Pik 10 verkündete, daß in ein paar Jahren die Hochzeitsglocken läuten würden.

Dagmar Berghoff war baff erstaunt: »Ach, das glaub' ich nicht. Ich kann mir überhaupt nicht vorstellen, daß ich irgendwann einmal heiraten werde. Nein, nein.«

Doch, doch. Aus der ehedistanzierten Dagmar Berghoff wurde am 16. Mai 1991 Dagmar Matthaes; ihr Gatte ist Doktor und heißt Peter.

RTL-Senkrechtstarter **Günther Jauch** (Krebs) hatte sich 1992 bei meinem Auftritt einen »telegenen Gag« ausgedacht: Ihn würde brennend interessieren, ob die Ehe von Prinzessin Diana und Prinz Charles noch zu retten sei (klare Antwort: nein).

Und dann bekam er leicht rote Ohren, da ich in seinem Kartenbild – neben beruflichen Erfolgskarten – eine prima Partnerschaft entdeckte, ja sogar die Geburt eines Kindes im darauffolgenden Jahr (von einer Ehe war allerdings nichts zu sehen).

Günther Jauch schüttelte abweisend den Kopf (von wegen »so'n Quatsch!«).

PS: 1993 wurde er Vater. Kerstin heißt die Kleine, sein zweites Töchterchen. Die Lebensgefährtin heißt Thea Sihler – und nicht Thea Jauch.

Heldentenor **René Kollo** (Skorpion) war fast etwas enttäuscht, als ich ihm (und Ehefrau Beatrice) 1987 ein zweites Töchterchen prophezeite (vermutlich, weil er sich lieber einen Stammhalter gewünscht hätte). René: »Ich mische besser noch einmal durch.«

Er mischte durch, doch es blieb dabei. Noch im selben Jahr wurde er (gewiß stolzer) Vater von Magalie Johanna.

Schauspielerin **Anja Kruse** (Löwe) glaubte ihren Karten kein Wort, als diese ihr die bevorstehende Trennung von ihrem langjährigen Partner, dem Operettentenor Heinz Hellberg, weissagten – und ihr gleichzeitig die ganz große Liebe in Aussicht stellten.

Geradezu vorwurfsvoll reagierte sie auf diese Prognose.

Sie wurde dennoch Wirklichkeit. Seit 1992 ist sie glücklich mit dem französischen Regisseur Jean-Louis Daniel liiert.

Thomas Gottschalk (Stier) war 1992 bereits in den besten ehelichen Händen (in denen seiner Thea). Ihn interessierte daher primär seine berufliche Zukunft.

Hm, da mischten sich bei ihm, dem Karriereorientierten (Herz-König plus Karo-König), Karo-As und Pik-As ein. Leider düstere Aussichten, lieber Thomas.

Langfristig gesehen könnte er in ein paar Jahren sogar den absoluten Tiefpunkt erreicht haben.

Dazu der Gottschalk-Kommentar: »Ach wunderbar! Warum soll ich mich weiter abrackern, dann geh' ich lieber gleich in Rente.«

Gemach, gemach. Denn da gab's noch die optimistische Herz 8 – von wegen, alles kann sich noch zum Guten wenden.

Schweres mußte im selben Jahr Nordrheinwestfalens Ministerpräsident **Johannes Rau** (Steinbock) durchstehen: Nieren-Krebs. Von der Operation erholte er sich jedoch erfreulich rasch. Als ich ihn im September 1994 traf, war es verständlich, daß ihn vor allem die gesundheitlichen Aspekte fürs kommende Jahr interessierten.

Nun, seine Gesundheit dürfte sich als stabil erweisen, sein privates Glück bleibt makellos und beruflich gibt's keine Veränderungen.

Zugegeben, Johannes Rau machte auf mich – menschlich gesehen – einen tiefen Eindruck; seine zwanglose, klare Art, ein Mann, der mit offenen Karten spielt (ein Karo-König, kämpferisch, erfolgreich). Und als ich ihm versicherte (ganz spontan, wie ich nun einmal bin): »Eigentlich toll, wie Sie Ihre schwere Krankheit überwunden haben«, da lächelte er leise und seine Augen begannen zu glänzen…

Überaus Glanzvolles, zumindest bezüglich der Karriere, konnte ich für **Katja Ebstein** (Fisch) nicht aus den Karten lesen. 1985, als sie den Höhepunkt ihrer Schlagersängerlaufbahn bereits überschritten hatte, wollte sie zum Musical, zum Lied wechseln. Erfolgreich? Na ja, der ganz große »Seitensprung« würde ihr zwar nicht glücken, aber ein gewisser Achtungserfolg (was sich inzwischen bewahrheitete). Übrigens, der astrologische Fisch ist besonders zukunftsgläubig.

Der Löwe weniger. **Max Schautzer** ist einer. Ehefrau Gundel (Wassermann) drängte ihn mit glühender Wißbegierde, in Sachen Liebesglück doch einmal nachzufragen. Max, den ich zwar als netten, aber zugeknöpften Showmann kennenlernte, willigte mit eher gequälter Miene ein (er hält halt nichts vom Kartenlegen).

Nun, seine Liebeskarten lagen ziemlich gut da. Auch die beruflichen. Eine begeisterte Reaktion war bei ihm jedoch nicht zu erkennen (Max Schneckenhaus). Ehefrau Gundel freute sich um so mehr.

Spaßvogel **Karl Dall** (Wassermann) zündete seinen schlagfertigen Witz, als ich so ein paar Flirts in seinen Karten bemerkte: »He, Sie gehen zu weit! Meine Frau schaut doch zu!«

Seine beruflichen Aussichten waren erstklassig; diese Feststellung glättete glücklicherweise die steilen Stirnfalten von Ehefrau Barbara.

Ja, und da war doch noch der **Udo Lindenberg** (Stier), dessen Karten nach seinem Showauftritt verrückt gespielt hatten. Tags darauf war seine Gemütslage wieder im Lot, die Karten »funktionierten.«

In Sachen Herzenslage schien bei Udo alles ziemlich schief zu sein: Keine feste Bindung in Sicht, kein Happy-End, nur lockere Flirts.

Udo trocken: »Was mich ganz locker keinesfalls vom Hocker reißt – im Gegenteil...«

Elmar Gunsch (Steinbock), den Oldtimer-Charmeur (pardon) mit der bärigen Stimme, mußte ich Ende der 8oer daraufhinweisen, daß seine große Erfolgszeit leider abgelaufen ist. Er »verzieh« es mir mit nachsichtigem Lächeln.

Nach Kartenlage würde er sich jedoch auch künftig eines ungebrochenen Erfolges speziell beim weiblichen Geschlecht erfreuen. Da strahlte er! Seine langjährige Freundin heißt übrigens Heidi Greiner (von der Ehe scheint er nicht viel zu halten – nach drei Scheidungen).

Rückblick – Geschichte und Geschichten

Die Skatkarten, die ich Ihnen in diesem Buch vorblätterte, sind eigentlich eine »revolutionäre« Erfindung:

Figuren und Spielstruktur entstanden während der Französischen Revolution (1789–1799), als die Barrikaden-Bürger alles auf eine Karte setzten. Man erkennt's sofort an den Regeln:

Die Skat-Buben (ursprünglich Bauern) sind den Königen mächtig überlegen, sie können sie gnadenlos ausstechen (ganz im Gegensatz zum elitären Schachspiel der Oberschicht mit seiner streng feudalen Rangordnung).

Beim französischen Ur-Blatt durften die gekrönten Häupter natürlich keine Krone tragen. Also stülpten die Freiheitskämpfer den Königen ihre eigene Jacobinerkappe über, steckten die heute edlen Damen in gemeine Bürgerkleider und bewaffneten die Bauer-Buben mit gewaltigen Gewehren. Die Deutschen nahmen ihnen die Schießprügel wieder weg – anno 1830, als die französischen Skatkarten ihren Siegeszug hierzulande vom thüringischen Altenburg aus antraten. Die Buben bekamen statt dessen Äxte, Degen und ein Landjunker-Ornat, die Könige ihre traditionelle Krone zurück, die Damen wurden standesgemäß in Samt und Seide (und sogar Hermelin) gehüllt.

So blicken uns die hohen Herrschaften noch heute vom Standartblatt entgegen; abgekupfert wurden sie in den altdeutschen »Kartenmacherwerkstätten« von einem Portraitbogen, den der berühmte frühromantische Maler Philip Otto Runge (1777–1810) im Jahre 1806 in Hamburg entworfen hatte – und dabei an Kunst, aber keineswegs an Skat dachte; ganz im Gegensatz zu den späteren Skatenthusiasten, die mit preußischer Gründlichkeit die französischen Symbolbezeichnungen eindeutschten:

Aus »Pique« (frz. »Spieß«, »Lanze«) wurde Pik, aus »Carreau« wurde Karo, aus »Cœur« Herz, aus »Croix« Kreuz. Doch die beiden wichtigsten französischen Begriffe ließen sie seltsamerweise unangetastet: As blieb As – und Skat blieb Skat.

Apropos Skat: Dieses Wort hatten die französischen Revolutionäre unbekümmert der italienischen Sprache entliehen – »Scatere« bedeutet »ablegen, beiseite legen.«

Übrigens, die historisch berühmteste »Kartenschlägerin« mischte ebenfalls während der Revolution mit (allerdings nicht mit »neumodischen« Skat-, sondern mit alttraditionellen Tarotkarten):

Marie-Anne Lenormand hieß die weise Dame, gottesfürchtig erzogen von ehrenwerten Benediktinerinnen. 1794, also mitten im Pariser Kampfgetümmel, eröffnete sie ihre Praxis. Die Kundschaft von Madame war zumeist vornehmen Geblüts, sogar Kaiserin Joséphine soll sie in Sachen Liebeskrise zu Rate gezogen haben (denn ihr Ehesegen hing dramatisch schief, da Napoléon Vater werden wollte, sie aber nicht Mutter werden konnte). Ob Madame Lenormand eine »Mutter Courage« war und ihrer kaiserlichen Klientin gegenüber kein Blatt vor den Mund nahm, ist bedauerlicherweise nicht verbrieft – Napoléon jedenfalls ließ sich 1806 nach fruchtlosen Ehejahren von Joséphine scheiden.

Ja, die alten Franzosen (aber auch die Italiener) hatten schon immer ein Faible dafür, dem Schicksal in die Karten zu sehen. Bereits im 14. Jahrhundert trieben sie dieses keinesfalls abgekartete Spiel – nein, nein, nicht aus schnöder Glücksspiellust, sondern aus purer Begierde, Zukünftiges zu erhellen (was vom Klerus natürlich verteufelt wurde; er ließ die Karten auf den Scheiterhaufen werfen – weshalb wir heute so gut wie kein antikes Blatt mehr bestaunen können).

Im mittelalterlichen Italien hieß das derart verketzerte Spiel klangvoll »Naibi«, also »Wahrsagung«; Zigeuner hatten es aus Nordwest-Indien, ihrer Urheimat, über Arabien nach Europa gebracht. Hier wurden dann die ursprünglichen Symbole im Laufe der Spielzeiten abgeändert: Stäbe verwandelten sich in Kreuz, der Henkelkelch in Herz, die rechteckigen Münzen in Karo, lediglich die Lanze blieb als Pik-Form unberührt.

Liebe Leserin, lieber Leser,

zum guten Schluß wünsche ich Ihnen, daß Sie in Zukunft immer richtig liegen – durch das Legen der Karten.

Aber bitte übertreiben Sie es nicht, werden Sie nicht »kartensüchtig.« Schließlich sind Sie allein für sich verantwortlich.

Die Karten können »nur« Lebensberater sein. Und Ihnen helfen, mit mehr Sicherheit, Selbstvertrauen und Zuversicht in die Zukunft zu schreiten; befreit von schwelenden, oft unbewußten Ängsten vor der Ungewißheit, die Sie bislang wie schwarze Schatten begleitet haben.

In diesem Sinne: Allzeit sonnige Zeiten!

Ihre

PS.: Und sollten Sie noch Fragen haben, dann rufen Sie mich bitte an (Nürnberg: 09 11/51 57 47).

Zur Autorin

Yvette Ruzha studierte an der Fachhochschule in Nürnberg Psychologie und Pädagogik. Seit 1980 arbeitet sie hauptberuflich als Astrologin, Karten- und Handleserin.

Einem Millionenpublikum wurde sie bekannt durch eigene Sendungen und Auftritte in zahlreichen Hörfunk- und Fernsehsendungen.

Zu ihrem Kundenkreis zählen neben vielen dankbaren Mitmenschen auch die sogenannten Großen, viele Prominente, nicht nur Showstars, sondern auch Politiker und Manager.

Yvette Ruzha arbeitet ebenfalls als Autorin für Zeitungen und Zeitschriften.

Falls Sie sich mit ihr in Verbindung setzen möchten, die Anschrift lautet:

Postfach 130133 in D-90133 Nürnberg.

Telefon (0911) 515747.

Matthias Mala

Heilkraft der
Sonnenmeditation

150 Seiten, kartoniert
ISBN 3-8138-0344-9

**Das 7-Minuten-Energie-
programm**

Kraft durch Energie – und das in nur 7 Minuten! Trainieren Sie mit minimalem Zeitaufwand durch die Sonnenmeditation den eigenen „Energiekörper"! Einfache, leicht nachvollziehbare Übungen zeigen Ihnen den sicheren Weg, sich täglich besser zu fühlen: Spezielle Finger- und Handhaltungen werden gezielt eingesetzt, um Ihnen einen stetigen gesundheitlichen Aufbau zu ermöglichen. Wie die morgendliche Gymnastik ist dieses Programm entsprechend dicht und wirkungsvoll. Aber wer hat bei einem ausgelasteten Tagespensum schon genügend Zeit für allmorgendlichen Sport? Das 7-Minuten-Programm kann hingegen jeder kurzfristig und überall (!) durchführen: Lernen Sie, die Heilkraft zu spüren, gesundheitliche Störungen zu regulieren – und das auch auf dem Weg zur Arbeit oder vor dem Fernseher!

*Bücher aus dem Peter-Erd-Programm finden Sie überall im Buchhandel.
Fordern Sie das kostenlose Gesamtverzeichnis an bei:
Verlag Peter Erd · Gaißacher Straße 18 · 81371 München
Telefon (089) 7 25 30 04 · Fax (089) 7 25 01 41*

Dr. John Lubecki

Heile Dich selbst
mit dem Muskeltest

249 Seiten, kartoniert
ISBN 3-8138-0349-X

Einstieg in die Kinesiologie

So bleibt Ihr Körper fit und gesund: Erkennen Sie selbst, lange bevor Schmerzen oder Symptome auftreten, ob Ihrem Körper etwas fehlt! Entdecken Sie bereits in einem außerordentlich frühen Stadium mögliche Mangelerscheinungen und Funktionsstörungen mit Hilfe des »Muskeltests«!

Denn: Die Vorgänge im Menschen spiegeln sich im Funktionszustand der Muskeln wider. Daher wurde der Muskeltest zu einem einfachen Testsystem, mit dem Sie – ohne Hilfe von technischen Apparaten! – Ihre Gesundheit überprüfen können. Diese einzigartige Methode, vorbeugende Maßnahmen sowie Anleitungen zur Selbstheilung verrät Ihnen Dr. Lubecki in »Heile Dich selbst mit dem Muskeltest«.

Bücher aus dem Peter-Erd-Programm finden Sie überall im Buchhandel.
Fordern Sie das kostenlose Gesamtverzeichnis an bei:
Verlag Peter Erd · Gaißacher Straße 18 · 81371 München
Telefon (089) 7253004 · Fax (089) 7250141